wine – just a drink

für Carls

MATT SKINNER

Fotos von
Chris Terry

Vorwort von
Jamie Oliver

Deutsch von
Martin Waller

wine – just a drink

wein ist fruchtsaft für erwachsene. wein ist gesellig. wein ist für alle. **das ist ein buch über wein.** nicht mehr und nicht weniger.

Übersetzung: Martin Waller
Lektorat: Karen Dengler
DTP und Satz: Anja Dengler
Gesamtproduktion der deutschen Ausgabe:
Werkstatt München · Buchproduktion

Programmleitung: Doris Birk
Leitende Redakteurin: Birgit Rademacker
Redaktion: Sabine Schlimm
Umschlaggestaltung: Independent
Medien Design, München
Herstellung: Maike Harmeier
Druck und Bindung:
Toppan Printing Company, China

ISBN 3-7742-7395-2

1. Auflage 2005

GRÄFE
UND
UNZER

Ein Unternehmen der
GANSKE VERLAGSGRUPPE

DAS ORIGINAL
GU
MIT GARANTIE

DAS ORIGINAL MIT GARANTIE

Ihre Meinung ist uns wichtig.
Deshalb möchten wir Ihre Kritik,
gerne aber auch Ihr Lob erfahren,
um als führender Ratgeberverlag
für Sie noch besser zu werden.
Darum: Schreiben Sie uns! Wir
freuen uns auf Ihre Post und
wünschen Ihnen viel Spaß mit
Ihrem GU-Ratgeber.

Unsere Garantie:
Sollte ein GU-Ratgeber einmal
einen Fehler enthalten, schicken
Sie uns das Buch mit einem kleinen
Hinweis und der Quittung innerhalb von sechs Monaten nach
dem Kauf zurück. Wir tauschen Ihnen
den GU-Ratgeber gegen einen
anderen zum gleichen oder einem
ähnlichen Thema um.

Ihr GRÄFE UND UNZER VERLAG
Redaktion Kochen und Verwöhnen
Postfach 86 03 25
81630 München
Fax: 089/41981-113
E-Mail: leserservice@
graefe-und-unzer.de

VON NIEMANDEM HABE ICH MEHR ÜBER WEIN GELERNT
als von Matt. Er kann einfach hervorragend erklären. Anstatt
mit Fachbegriffen um sich zu werfen, drückt er sich so aus,
dass man ihn versteht.

Matt ist so etwas wie ein moderner Botschafter des Weins:
jung, voller Energie und mitreißend bei allem, was er macht,
ob es um Wein und Essen geht oder um Skateboarden, Surfen
und so. Als ich ihn vor fünf Jahren kennen lernte, wusste ich
sofort, dass er der Richtige ist, um mit mir das Fifteen hoch-
zuziehen – das Restaurant, das ich zusammen mit arbeitslosen
Jugendlichen eröffnet habe. Für die Kids war Wein bisher
kein Thema gewesen, logisch, und ich brauchte jemanden, der
ihnen die Sache nahe bringt. Matt ist da phänomenal. Man
lernt unheimlich viel bei ihm, und er kommt völlig ohne die
üblichen Belehrungen aus.

Matt gibt Ihnen alles an die Hand, was Sie brauchen, um im
Restaurant, beim Weinhändler oder einfach nur mit Ihren
Freunden ein gutes Gespräch über Wein zu führen. »Wine is
just a drink«, ja, aber auch noch viel mehr: Wein und Essen –
das ist ein Dream Team! Seit ich Matt kenne, koche ich mit
Sicherheit interessanter und besser als zuvor.

Matt hat ein Buch über Wein geschrieben, wie man es so
noch nicht gesehen hat. Er schreibt verständlich und humor-
voll, er zeigt Ihnen aber auch, wie Sie für Ihr Geld das Beste
bekommen und den größten Genuss haben. Und er will Sie
ermuntern, sich beim Weinkauf in Zukunft ein bisschen mehr
zuzutrauen. Und darum geht es doch!

Hut ab vor diesem Buch, Matt, ich bin sicher: Ab heute gehen
die Uhren anders.

Big Love,

DAS BESTE AM WEIN IST:
DU WEISST, DASS DU NIE ALLES WISSEN KANNST.

Ich habe im Leben eine Menge guter Ratschläge bekommen, aber diesen werde ich nie vergessen. Noch so einer: Großartiger Wein wird überall gemacht, nicht nur da, wo man meint. Und genau so ist es doch auch! Auf der ganzen Welt werden die köstlichsten Weine hergestellt. Wenn wir nicht versuchen würden, so viele verschiedene Arten und Stile aus allen Teilen der Welt zu probieren, wie wir in unserem kurzen, voll gepackten Leben nur unterbringen können – was würde uns alles entgehen!

Dies ist ein Buch über Wein, nicht mehr und nicht weniger. Es ist kein »Wein-Führer«. Trotzdem können Sie darin eine ganze Menge erfahren, denn ich möchte Ihnen eine Vorstellung davon geben, was Wein als »Produkt« alles ist. Und egal, wie viel oder wenig Sie bisher wussten, ich bin sicher, dass Sie nachher mit ein bisschen mehr Selbstvertrauen, Wissen und Faszination rangehen. Jeden Tag bringt die Weinwirtschaft rund um die Uhr Menschen zusammen. Sieben Tage die Woche, 365 Tage im Jahr, unabhängig von Geschlecht, Religion, Rasse oder sozialer Herkunft machen sie ihre großartigen Jobs – allein dieser Gedanke begeistert mich total. Auf den folgenden Seiten stelle ich Ihnen ein paar von diesen Leuten vor.

An eines sollten Sie immer denken: Beim Wein gibt es kein richtig oder falsch – nur persönliche Vorlieben. Das ist ein bisschen wie bei der Musik oder der Kunst. Was Sie mögen und was ich mag, können zwei völlig verschiedene Dinge sein, Recht hat im Endeffekt aber sowieso keiner – nur einen anderen Geschmack. Und darum geht's!

Viel Spaß beim Trinken und Lesen,

01:00 | Dave und Tracy, das Ernteteam

Perfekte Logistik bei der Weinlese

heißt, dafür zu sorgen, dass die Trauben im bestmöglichen Zustand geerntet und transportiert werden.

In der Kellerei arbeitet man nachts

genauso wie am Tag, wenn alles klappen soll. Zu tun
ist immer etwas – das ganze Jahr über.

basics
Was Sie wissen müssen

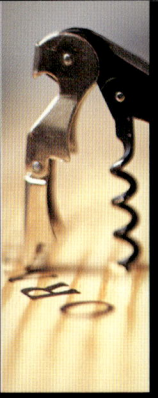

SIE GEHEN MIT EIN PAAR LEUTEN ESSEN, und – weiß der Teufel warum – die Weinkarte landet in Ihren Händen. Alle sehen Sie erwartungsvoll an. Unangenehme Situation? Es kommt noch schlimmer: Sie wählen irgendwas, was Ihnen irgendwie bekannt vorkommt, aber jetzt tritt der Weinkellner auf. Er gibt sich nicht die geringste Mühe, Sie zu beraten, sondern kann sich kaum das Grinsen verkneifen, während er Ihre Bestellung aufnimmt. Ein Albtraum. So etwas kann einem die Freude am Wein wirklich vermiesen.

Oder Sie erwarten Freunde zum Essen und sind spät dran. Ihre Gäste kennen sich mit Wein aus, Sie sind sich da nicht so sicher. Aber bestimmt kann der Weinhändler um die Ecke helfen. Es gibt Fisch, also sehen Sie sich nach Weißwein um. Sie greifen sich aus dem riesigen Angebot eine Flasche heraus, weil das Etikett so toll aussieht, und fragen: »Äh ... ob das wohl ein guter Wein ist?« – »Klar«, lautet die Antwort. Sehr überzeugend!

Aber Moment mal. Da gibt es doch eine ganze Menge Leute, die nur dafür arbeiten, dass Sie den richtigen Wein auf den Tisch bekommen! Auslieferungsfahrer, Verkäufer, Handelsvertreter, Großhändler, Kellermeister mit ihren Crews, Winzer mit ihren Erntehelfern – und ganz am Anfang ein Mensch mit einer Vision, einer, der den Anstoß zu allem gab. Die Welt des Weins ist wunderbar und voll von Menschen, die nur für Sie da sind.

Situationen wie die oben beschriebenen lassen sich mit ein bisschen Grundlagenwissen vermeiden. Sie müssen keineswegs haufenweise Einzelheiten pauken, Sie sollten aber ein paar Wegweiser kennen, mit denen Sie sich in dieser wundersamen Welt leichter zurechtfinden. Merken Sie sich auf jeden Fall Folgendes, auch wenn es alles ist, was Sie jemals über Wein lernen werden: Es gibt mehr im Leben als Hauswein; Chardonnay kann man durchaus trinken; Punktbewertungen sind völlig unwichtig; auch unter einem Schraubverschluss kann ein guter Wein stecken; Biowein schützt nicht vor Kater; manche Rotweine passen sehr gut zu Fisch; viel Alkohol bedeutet nicht gleich hohe Qualität; Chablis ist keine Traubensorte, sondern ein Ort – und vor allem: Sie bekommen in der Regel, was Sie bezahlen.

Also dann, fangen wir an ...

Trauben

Trauben sind der Hit! Stellen Sie sich eine Welt ohne sie vor – ein schrecklicher Gedanke. Das wäre dann so:

In den Supermärkten stünde Gesöff rum à la »na ja, schon ein bisschen wie Wein, aber doch ganz anders« – vergoren wahrscheinlich aus Roter Bete, Rhabarber, Disteln oder Löwenzahn. Würg!

Das Essen würde nur noch halb so viel Spaß machen und auch lange nicht mehr so gut schmecken – denn was ist ein Mahl am Ende eines langen Tages ohne seinen flüssigen Bruder im Geiste? Millionen von Weinkellern wären nur noch große, seelenlose, leere Räume unter der Erde.

Am schlimmsten an einer Welt ohne Trauben aber wäre, dass Hunderttausende von Leuten aus allen Gesellschaftsschichten niemals diese großartige Arbeit verrichten könnten, die sie in der Weinindustrie jeden Tag tun.

Die Traube ist der Superstar in einem Produkt, das wir als Wein kennen und lieben gelernt haben. So etwas wie das Uhrwerk in der Uhr, der Motor im Auto, der Schlagzeuger in der Band, die Saiten auf der Gitarre, die Luft im Fußball – Sie verstehen, was ich meine. Die Traube ist die Nummer eins, und ohne sie wäre das Endprodukt alles Mögliche, nur kein Wein.

Trauben sind die Frucht der Weinrebe.
Eine besondere Art namens *Vitis vinifera*
bringt die Trauben hervor, aus denen wir
Wein machen. Trauben zur Weinbereitung sind – im Gegensatz zu Tafeltrauben
(die, von denen Sie im Supermarkt immer
naschen, jawohl, ich habe Sie gesehen!) –
eher klein, haben dickere Schalen und enthalten Kerne. Es gibt noch eine ganze Menge
anderer Arten, doch fast drei Viertel aller
Trauben auf dieser Welt werden zu dem
einzigen Zweck angebaut, Wein aus ihnen
zu erzeugen.

Vitis vinifera hat fast 1000 unterschiedliche Sorten hervorgebracht. Jede davon
hat einen ganz eigenen Charakter, aber ein
paar Grundeigenschaften teilen sie alle.
Eine reife Traube besteht, grob gesagt, aus
85 Prozent Wasser und 13 Prozent Zucker,
die restlichen zwei Prozent sind Schalen
und Kerne. Ganz einfach, oder? Im Gegenteil, wir stehen hier vor einem komplizierten
und anspruchsvollen Geschöpf, für das
Sonne, Wärme, Wasser, Boden und Lage
von entscheidender Bedeutung sind. Ich
werde es Ihnen vorstellen!

Vitis vinifera bringt
Trauben hervor, und wir machen Wein daraus

Trauben lieben Sonne, aber nicht zu viel. Der Grat zwischen zu viel und zu wenig ist extrem schmal. Zu viel Sonne versengt die Trauben – wie andere Früchte auch –, zu wenig von ihr, und sie können nicht richtig reifen. Weinreben aber sind clever: Sie erzeugen mit ihrem Laub einen natürlichen Baldachin und schützen ihre Frucht damit vor den Elementen. Manche Sorten treiben mehr Blätter aus als andere, und man kann sie, wenn nötig, von Hand oder maschinell ausdünnen. Das Laub wirkt aber auch wie eine riesige Solarzelle, die die Pflanze mittels Photosynthese mit Energie versorgt. Zu stark beschnitten, wird der Akku nicht mehr richtig geladen, und die Rebe siecht dahin. Zu viele Blätter, und die Trauben reifen vielleicht niemals aus.

Trauben mögen es heiß, aber nicht zu heiß. Im Bilderbuchweinberg in einer idealen Welt herrschen lange, warme, sonnige Tage, gefolgt von kühlen Nächten, in denen eine leichte Brise geht. Die Wirklichkeit sieht natürlich immer ein bisschen anders aus. In wirklich heißem Klima neigen die Trauben dazu, zu früh zu reifen. Sie sehen zwar reif aus, geschmacklich fehlt ihnen aber noch einiges – wie bei einem zu heiß gebackenen Kuchen, der außen schon anbrennt, obwohl er innen noch lange nicht fertig ist.

Lange warme Tage erlauben der Traube eine langsamere, gleichmäßigere Reife. Dann sind nicht nur Schalen, Kerne und Stiele auf dem gleichen Level, auch der Zuckergehalt stimmt. Glauben Sie mir: Für den Geschmack des Weins später macht das alles einen Riesenunterschied.

Extreme Temperaturen, egal ob Hitze oder Kälte, bringen auch die Gefahr mit sich, dass die Pflanze »zumacht«. Reben haben eine Art natürlichen Sicherheitsschalter: Bei zu großer Hitze wird die Photosynthese eingestellt, extreme Kälte versetzt die Pflanze in Winterschlaf.

Reben brauchen Wasser

wie wir auch

Trauben lieben es feucht, aber nicht zu feucht. Reben brauchen Wasser, aber wenn sie zu viel davon bekommen, saugen sie sich voll, werden träge und produzieren zu viele Trauben mit wenig Geschmack. In den meisten Weinbergen ist der Boden sehr durchlässig, was die Reben zwingt, ihre Wurzeln auf der Suche nach Wasser und Nährstoffen tief in den Boden zu senken. Und hart arbeitende Reben produzieren bessere Trauben.

03:00 | Jean-Paul und Chris, die Erntehelfer

Trauben lesen
ist ein harter Job

– jedes Jahr muss man sich mit Sonne, Regen, Kreuz-
schmerzen und rissigen Fingern herumschlagen.

Trauben lieben kargen Boden. Kreide, Lehm, Mergel, Kalkstein, Asche, Schiefer, Kies, Granit – darauf stehen sie. Hinten im Garten, in Ihrem Gemüsebeet, ist die Erde dunkel und fruchtbar, voller Nährstoffe, Stickstoff und Kali? Prima. Und nun stellen Sie sich genau das Gegenteil vor: kargen, nährstoffarmen, wasserdurchlässigen, rissigen Boden. Das ist für Reben der siebte Himmel! Die besten Weinberge befinden sich auf den magersten, unwirtlichsten Böden, die Sie sich nur vorstellen können. Erneut gilt: Je härter die Rebe zu kämpfen hat, desto besser werden die Trauben.

Und schließlich: Trauben mögen Höhe. Und zwar Höhe über dem Meeresspiegel. Wir sprechen hier nicht vom Mount Everest, aber es gibt ein paar gute Gründe, Reben an einen Hang zu pflanzen anstatt in die Ebene. Nicht umsonst spricht man von einem Weinberg. Zum einen garantiert das Gefälle eine hervorragende natürliche Drainage, weswegen die Reben nie zu viel Wasser abbekommen. Zum anderen haben Hanglagen oft karge Böden, da der Regen die nährstoffreiche Oberschicht wegschwemmt. Und drittens fällt auf einen Hang das meiste direkte Sonnenlicht. Die Reben bekommen aber nicht nur die maximale Sonnenscheindauer ab, sie profitieren auch von einer kühleren Durchschnittstemperatur als unten im Tal. Perfekte Voraussetzungen!

Geschichte

Bevor Sie jetzt denken: »Na toll, Geschichte! Ist ja wie in der Schule«, und schnell weiterblättern, warten Sie einen Moment. Vergessen Sie nicht: Dass Wein in unserer Kultur überhaupt derartig wichtig werden konnte, hat einiges damit zu tun, dass sich eine ganze Menge Leute Tausende von Jahren die Hacken abgearbeitet hat.

Der Weg des Weins durch die Geschichte ist lang, und oft ist er steinig gewesen. Von den ältesten, auf Kameen überlieferten Zeugnissen bis hin zu merkwürdigen Begebenheiten (denken Sie an Jesus' erste Wundertat bei der Hochzeit von Kana) hat er bei vielen Anlässen eine wichtige Rolle gespielt.

Am meisten fasziniert mich, dass das Prinzip, nach dem er bereitet wird (nämlich durch die Vergärung von Trauben), und die Art, in der wir ihn konsumieren, in den fast 8000 Jahren schriftlich dokumentierter Weinproduktion praktisch völlig unverändert geblieben sind. Das allein ist schon eine beeindruckende Sache.

Aber auch sonst hat die Weingeschichte alle nötigen Zutaten, um spannend zu sein: Von den ägyptischen Pharaonen und Sphinxen reicht sie über römische Gladiatoren und christliche Mönche zu fast völliger Zerstörung und schließlich zur Wiederauferstehung. Es ist eine bedeutende Geschichte, und Sie selbst sind bereits ein Teil davon.

Die Anfänge

Wir gehen 10 000 Jahre in die Vergangenheit nach Mesopotamien, wo wir den allerersten Einblick in den antiken Weinbau bekommen. Historiker und Archäologen haben hier etwas ausgegraben, was sie als versteinerte Traubenkerne identifizierten. Diese Kerne waren tropfenförmig statt rund, was darauf hinweist, dass die Reben beschnitten worden waren. Dieser Fund gilt als der erste echte Beweis für eine Kultivierung der Rebe.

Und nun stellen Sie sich Folgendes vor: Zu Beginn des 20. Jahrhunderts entdecken Archäologen (die noch im »Indiana-Jones-Stil« arbeiten) in bislang nicht erforschten ägyptischen Gräbern Wandgemälde. Darauf sind Menschen zu sehen, die im Weinberg arbeiten, Trauben stampfen und – nicht ganz unbedeutend – den Wein auch mit offensichtlichem Genuss trinken.

Zeugnisse wie diese aus der Zeit von etwa 6000 v. Chr. zeigen, dass der Wein fest in der Kultur des alten Ägypten verankert war. Man gab sogar den Toten – sofern sie das nötige Kleingeld hatten – große Mengen davon mit ins Grab. Es konnte ja sein, dass sie im Jenseits ein paar alte Freunde trafen. Nette Idee. Hoffentlich hat auch jemand einen Korkenzieher dazugelegt.

Historiker und Archäologen

gruben in Mesopotamien versteinerte Traubenkerne aus

Griechen, Römer und Mönche

5000 Jahre später, um 1000 v. Chr., ging es dank der Griechen dem Weinbau ziemlich gut. Große Teile dessen, was heute Italien, Spanien und Nordafrika ist, waren mit Reben bestockt, und Wein war als Getränk weithin gesellschaftlich akzeptiert. Ab 50 v. Chr. brachte das Römische Reich der Weinwirtschaft noch einmal einen riesigen Schub: planvoller Rebbau, sorgfältige Auswahl von Lagen, Anbau bestimmter Rebsorten, Fassbau, bessere Ausrüstung und – typisch römisch – alles in großem Stil! Die Römer legen auch als Erste große Weinberge im

nördlichen Europa an; viele der berühmten Lagen Frankreichs gehen auf sie zurück. Der Untergang des Imperiums gegen 500 n. Chr. beschwor dunklere Zeiten herauf. Rebgärten verfielen, und Wein wurde kaum noch getrunken. Nur in den Klöstern bewahrte man die Tradition. 500 Jahre lang verfeinerten Mönche unter den wachsamen Augen der Kirche Weinbereitung und Rebenzucht, mit besonderer Aufmerksamkeit für Hygiene und Anbaumethoden. Zu Beginn des 17. Jahrhunderts kam die Weinwirtschaft endlich wieder ins Rollen und wächst seitdem beständig.

Die Flasche

Um 1650 stolpern wir über die Entstehung der Glasflasche, des Korkens und des Korkenziehers. Man liebte und bewunderte Glas und stellte Flaschen in allen möglichen Formen her: Es gab walzen- und zwiebelförmige Exemplare, Ballons, Blasen ... Eine Form mit dem beziehungsreichen Namen »Bocksbeutel« hat sich bis heute erhalten.

Heutzutage sind vor allem drei Flaschenformen in Gebrauch: die moderne deutsche Form, die moderne Bordeaux-Flasche und die moderne Burgunder-Flasche, in die man mit wenigen Ausnahmen so ziemlich alles abfüllt, was auf der Welt an Wein erzeugt wird. Eigentlich langweilig, oder? Früher erkannte der Verbraucher an der Form, was sich in der Flasche verbarg. Dafür geht seit neuestem der Trend zu Spielereien mit Milchglas, ungewöhnlichen Farben und schrägen Formen.

Dabei hat die Bauweise einer Flasche großen Einfluss auf die Flüssigkeit darin. Die Einführung von dunkler gefärbten Flaschen mit dickerem Glas wirkt sich gut auf Weine aus, die altern müssen. Sie sind in solchen Behältern besser vor Lichteinwirkung und Temperaturschwankungen geschützt.

An der Flaschen- form
erkannte man früher, was sich darin verbarg

Die Laus

Die Weinindustrie begann ihren weltweiten Siegeszug zu einer Zeit, als sich im Gefolge der industriellen Revolution der Handelsverkehr vervielfachte – und in seinem Kielwasser ein höchst unerwünschter Reisender mitschwamm. Die Weinrebe musste eine ihrer größten Prüfungen bestehen: den Angriff von *Phylloxera vitifoliae*, der Reblaus.

Dieses winzige Insekt vernichtet im Handumdrehen ganze Weinberge, indem es so lange an den Wurzeln der Reben saugt, bis sie absterben. Mitte des 19. Jahrhunderts verwüstete es die Weinlandschaft Europas,

sprang dann auf andere Teile der Welt über und richtete ähnliche Schäden an. Zu Beginn des 20. Jahrhunderts war von der alten Welt des Weins kaum noch etwas übrig. Nur die nordamerikanischen Reben erwiesen sich als resistent gegen die Plage. In einer gemeinsamen Kraftanstrengung gelang es schließlich, die Weingärten der Welt neu zu bepflanzen, indem man Edelreben auf reblausresistente amerikanische »Unterlagsreben« pfropfte.

Jetzt, 100 Jahre später, haben sich die großen Weinregionen wieder vollständig erholt und feiern neue rauschende Erfolge.

Die Revolution

Abgesehen von einer Hand voll Kriegen, der Prohibition und einigen Zusammenstößen mit Mutter Natur ging es der Weinwirtschaft also in den letzten 150 Jahren relativ gut. Die Wissenschaft, vor allem Louis Pasteurs Theorie der alkoholischen Gärung und die Entdeckung der Pasteurisierung, hat dazu beigetragen, dass wir besser verstehen und steuern können, wie Wein entsteht.

Das bedeutet, dass wir heutzutage darauf vertrauen können, in jeder Flasche, die wir öffnen, einen technisch einwandfreien Wein vorzufinden – von dem Elend mit den Flaschenkorken mal abgesehen (fünf bis sieben Prozent aller Korken sind schadhaft und kosten die Weinindustrie jährlich Milliarden).

Und schließlich tritt die Neue Welt auf den Plan. Der kometenhafte Aufstieg der florierenden Weinwirtschaft in den USA und südlich des Äquators hat die Weinwelt tief greifend verändert. Allen voran ist Australien mit seinen sauberen, fruchtbetonten Weinen zu einem echten Star geworden, der sich einen festen Platz auf den internationalen Märkten (vor allem in Großbritannien) gesichert hat. Doch auch die anderen Länder der südlichen Hemisphäre, Südamerika, Südafrika und Neuseeland, stehen im globalen Weindorf ihren Mann und können von den europäischen Weinproduzenten nicht mehr einfach übergangen werden.

Womit wir in der Gegenwart gelandet wären.

04:00 | Miles und Gunter, die Weinmacher

Auch Kellermeister haben mal frei!

Die neue Generation ist viel herumgekommen und liebt den Wein so leidenschaftlich wie das Leben selbst.

Was kommt raus?

Wein trinkt man durch alle Schichten hindurch – von der Studentin bis zum gewissenhaften Sammler –, aber um eine Sache kommt man nicht mehr herum: Zu Beginn des 21. Jahrhunderts ist Wein Big Business geworden.

Was für Wein wird getrunken? Dass Weine aus der Neuen Welt so erfolgreich sind, liegt sicher auch am Etikett: Normalerweise steht die Rebsorte (Chardonnay, Cabernet, Shiraz) direkt drauf, und man hat sofort eine Vorstellung davon, was in der Flasche ist. Bei den Weinen der Alten Welt ist das viel komplizierter, da richtet sich die Benennung nach der Region (Burgund, Bordeaux, Hermitage). Um hier durchzublicken, muss man eine ganze Menge mehr wissen, z.B. welche Sorten wo angebaut werden dürfen und wo nicht. Nicht immer einfach!

Auch das Einkaufsverhalten hat sich geändert. Weltweit sind Einzel- und Fachhändler auf dem Rückzug: 2003 wurde in den USA die Hälfte aller Weine in Supermärkten verkauft, in Deutschland laufen sogar fast 80 Prozent des verkauften Weins über die Kassen der Supermärkte und Discounter.

Wer produziert Wein? Momentan hält Italien den Titel des mengenmäßig größten Weinproduzenten der Welt und hat Frankreich, Südamerika und die USA überholt. Erstaunlicherweise kommt Australien, gegenwärtig der Liebling der Weinwelt, gerade mal auf Platz zehn. 2003 wurden auf dieser Erde mehr als zwei Milliarden Kisten Wein produziert, fast 30 Milliarden Flaschen – ein Riesenbesäufnis! Die Weinwirtschaft im weitesten Sinne beschäftigt zurzeit etwa drei Millionen Menschen – in Produktion, Vertrieb und Verkauf, aber auch als Schriftsteller, als Sommeliers und Kritiker. 24 Stunden am Tag, sieben Tage in der Woche, 365 Tage im Jahr wird vergoren, abgefüllt, verkauft und getrunken. Die Weinwelt rotiert ohne Pause.

werkzeug
Was Sie brauchen

BIS AUF EINEN KORKENZIEHER, den Sie sich besorgen sollten, tragen Sie das Werkzeug, um das es in diesem Kapitel geht, bereits komplett mit sich herum. Darunter sind die besten und präzisesten Instrumente, die es gibt – Sie müssen sie nur richtig nutzen.

Die fünf wichtigsten Dinge Ihrer Ausrüstung sind: innere Einstellung, Ohren, Nase, Mund und Augen (ungefähr in dieser Rangfolge). Gemeinsam bilden sie das Handwerkszeug, mit dem Sie sowohl Ihre Fähigkeit zu schmecken ausbilden als auch Ihr Wissen vergrößern.

Der australische Weinautor Max Allen sagte mir einmal: »Fang mit Wein an, als ob du Fahrrad fahren lernst. Das Wichtigste ist Mut. Du musst es wirklich wollen. Dann steigst du einfach drauf, und mit etwas Anleitung und Geduld wird es schon werden. Vielleicht fällst du ein paar Mal auf die Nase, aber du wirst schnell keine Hilfe mehr brauchen. Und je mehr Selbstvertrauen du bekommst, umso einfacher wird alles. Irgendwann fragst du dich, was das ganze Gedöns sollte.«

Die Hauptsache bei allem, was mit Wein zu tun hat, ist die richtige Einstellung. Es gibt nichts Wichtigeres. Wenn Sie sich einem Wein nicht unbefangen und mit offenen Sinnen nähern, hat alles keinen Sinn. Bleiben Sie nicht bei bestimmten Ländern, Regionen, Traubensorten oder Weinerzeugern stehen. Gehen Sie raus aus der gemütlichen Welt des Bekannten, Erprobten und lernen Sie das Neue kennen. Überall auf der Welt wird großartiger Wein gemacht!

Ihre Meinung ist Ihre Meinung, nicht mehr und nicht weniger. Versuchen Sie niemanden zu missionieren, lassen Sie sich aber auch nichts einreden. Vertrauen Sie Ihrem ersten instinktiven Eindruck – normalerweise ist er richtig. Sie müssen nicht alles glauben, was andere sagen, aber hören Sie zu – Ihr zweitwichtigstes Werkzeug sind Ihre Ohren. Auch wenn die Weinsprache Sie mit ihren komischen Ausdrücken erst einmal verwirrt, bleiben Sie dran! Der nächste wichtige Schritt ist, »richtig« schmecken zu lernen. Wenn Sie den geschafft haben, kann Ihnen eigentlich nichts mehr passieren. Der Rest geht wie von selbst. Aber genug gequatscht jetzt – wie wär's mit ein bisschen Konditionstraining für die Sinne?

Schmecken

Wein so zu trinken, dass man ein Maximum an Geschmack herausholt, muss man lernen. In der Weinsprache heißt das »verkosten«. Dass man sich auf Verkostungen oft in Gesellschaft streng blickender Herren im Nadelstreifenanzug befindet, sollte Sie nicht schrecken. Es ist nicht so schlimm, wie es aussieht. Im Mittelpunkt steht der Wein, und der ist für alle da. Verkosten zu lernen hat vor allem den Zweck, Ihre Genussfähigkeit zu steigern, und nur darum geht's.

Wie gesagt, Ihre Sinne sind die großartigsten Werkzeuge, die Sie haben. Je aktiver Sie hinsehen, riechen, schmecken und zuhören, desto schneller kann sich Ihre Fähigkeit entwickeln, die verschiedensten Aromen und Geschmacksnoten zu erkennen und in Erinnerung zu behalten. Sie hören auf, den Wein einfach nur runterzukippen, und fangen an, ihn richtig zu schmecken.

Eins noch, bevor's jetzt endlich losgeht: Fragen Sie alles, was Sie wissen wollen, auch wenn es Ihnen erst mal blöd vorkommt! Die Liebe zum Wein, Wissensdurst und Begeisterung sind Dinge, die man auch im Nadelstreifenanzug zu schätzen weiß. Und ansonsten ist der beste Weg immer noch: probieren, probieren, probieren ... (und manchmal ausspucken, aber dazu später).

13

14

Aussehen

Als Allererstes muss die Umgebung stimmen. Gutes Licht, am besten Tageslicht, ist unbedingt nötig. Außerdem brauchen Sie etwas Weißes, um es hinter das Glas zu halten – ein Tuch oder ein Blatt Papier. Damit können Sie besser erkennen, welche Farbe der Wein hat und wie klar er ist. Nein, ein weißer Pappbecher ist keine geniale Idee – ein richtiges Glas, das nach oben hin enger wird, muss es schon sein, wenn Sie irgendwas sehen oder riechen wollen.

Füllen Sie Ihr Glas nur zu einem Drittel (schon voll gegossen? Trinken Sie die oberen zwei Drittel ab). Wenn das Glas zu voll ist, können Sie den Wein nicht mehr richtig schwenken, und dann wird Ihnen viel von seinem Duft entgehen.

Welche Farbe hat der Wein? Verläuft sie gleichmäßig bis zum Rand oder wird sie blasser?

15

16

Nehmen Sie jetzt das Glas in die Hand – genauer gesagt, fassen Sie es möglichst weit unten am Stiel. Damit verhindern Sie, dass Ihre Hand den Wein erwärmt. Jetzt wird das Glas in Schräglage gebracht (45 Grad, sagen die Profis) und vor den weißen Hintergrund gehalten. So können Sie die Farbe und die Klarheit des Weins am besten erkennen.

Welche Farbe hat der Wein?
Verläuft die Farbe gleichmäßig bis zum Rand des Glases oder wird sie nach außen hin blasser? Ist der Wein trüb wie das Wasser in einem wochenlang nicht gereinigten Aquarium, oder ist er klar und durchsichtig, so wie Sie sich wahrscheinlich die Südsee vorstellen? Als Faustregel können Sie sich merken, dass

Weißweine mit der Zeit dunkler werden, während Rote eher an Farbe verlieren. Manche Traubensorten können einen da aber auch ganz schön in die Irre führen.

Sein und Schein.
Die Rotweinsorte Pinot noir ist ein gutes Beispiel dafür, wie das Aussehen täuschen kann. Ihre Weine sind von Haus aus keine tiefroten Farbwunder, sondern oft sogar ein bisschen blass um die Nase. Man kann Spitzenweine (die oft auch noch ungefiltert abgefüllt werden) im Glas haben und wird sie für schwächliche Tröpfchen halten, wenn man nur seinen Augen traut. Cool bleiben. Denn bald kommt die Nase ins Spiel, und die weiß es besser.

TRÄNEN. So schlecht, dass Sie gleich weinen müssen, wird Ihr Wein hoffentlich nicht sein. Gemeint ist vielmehr die Form der Tropfen, die nach dem Schwenken des Weins an der Wand des Glases herunterrinnen. Dickflüssigere Weine bilden längere »Tränen« (man sagt auch »Beine«), bei anderen sieht man sie kaum. Sie sind ein Anzeichen für einen relativ hohen Alkoholgehalt, über die Qualität des Weins sagen sie aber überhaupt nichts aus.

Im täglichen Leben neigen wir dazu, unseren Augen mehr als allen anderen Sinnesorganen zu vertrauen. Nur aus diesem Grund fangen wir beim Verkosten auch mit dem Aussehen an. Ansonsten sind die Augen der unwichtigste unserer »Weinsinne«. Um ein paar zusätzliche Informationen zu bekommen, was da im Glas vor einem schwimmt, sind sie gut, zu mehr aber nicht.

20 REINSCHNÜFFELN

21 VORSICHT, MATT!

22 VON ANDEREN LERNEN

23 ÜBEN!

Geruch

Manchmal habe ich viel mehr davon, an meinem Wein nur zu riechen, als ihn tatsächlich zu trinken. Das kommt Ihnen vielleicht komisch vor, aber Wein ist ein lebendiges, atmendes Wesen, das sich entwickeln muss. Je mehr Zeit man ihm lässt, umso mehr kann er sich im Glas entfalten und umso breiter ist die Vielfalt an Aromen, die Sie schließlich riechen werden.

Waren Sie schon einmal unzufrieden mit der Größe Ihrer Nase? Dann habe ich eine gute Nachricht für Sie. Beim Wein gilt die Devise: »Je größer, desto besser« – und glauben Sie mir, ich weiß, wovon ich rede. Ihr Zinken birgt den Geruchsnerv, der für beides zuständig ist: Riechen und Schmecken. Im Laufe eines Lebens nimmt dieser Nerv (der etwa die Größe einer kleinen Münze hat) um die 10 000 verschiedene Aromen auf und speichert die wichtigsten davon in Ihrem Hirn ab. So haben Sie sie immer griffbereit. Nicht schlecht, was?

Wenn es um Wein geht, ist der Geruch der wichtigste Sinn und Ihr größtes Kapital. Da fällt mir ein, ich muss dringend meine Nase versichern lassen ...

Also, wo waren wir stehen geblieben? Ach ja.

Der Geruch kommt

Gut schwenken. Heben Sie das Glas zunächst an die Nase und riechen Sie. Was sagt die Nase? Nicht viel los? Also dann, zweiter Versuch. Aber jetzt schwenken Sie den Wein erst mal kräftig im Glas, bevor Sie zu schnüffeln beginnen. Die Hälfte verkleckert? Machen Sie sich nichts draus, das ist mir zuerst auch so gegangen. Es gibt aber einen Trick: Stellen Sie das Glas auf eine feste Oberfläche und fassen Sie den Stiel wie einen Bleistift an. Machen Sie jetzt mit dem Glas kleine Kreise – als ob Sie mit diesem Bleistift eine Münze nachzeichnen. Fünf schnellere Runden dürften reichen.

Nun riechen Sie wieder hinein. Rumms! Ein Riesenunterschied! Als ob jemand den Regler aufgedreht hätte! Durch das Schwenken vergrößert sich die Oberfläche des Weins, und das setzt viel mehr Aroma frei. Was riechen Sie jetzt?

Anderen zuhören. Machen Sie sich keinen Kopf, wenn Ihnen nicht gleich passende Worte dazu einfallen. Hören Sie einfach den anderen zu, die schon mehr Erfahrung im Verkosten haben. Der Geruch des Weins kommt Ihnen wahrscheinlich bekannt vor, Sie wissen nur nicht, wie Sie ihn beschreiben sollen. Genau dafür hilft Ihnen das Verkosten mit anderen am allermeisten. In Nullkommanichts schnappt man nämlich massenweise nützliche Begriffe auf und kann sie bald selbst anwenden.

Geschmack

Nur für den Fall, dass Sie es noch nicht wissen: Ihr Mund ist mit der Nase verbunden! Spätestens bei der nächsten Erkältung wird Ihnen das wieder klar werden. Dabei ist der Mund der Nase auch noch hoffnungslos unterlegen, wenn es um das Unterscheiden von Aromen geht.

Vieles, was Sie zu schmecken glauben, spielt sich in Wirklichkeit in der Nase ab – die direkte Verbindung macht's möglich. Dafür kann der Mund Dinge fühlen, die der Nase verborgen bleiben. Im Gegensatz zum Geschmack spricht man hier vom Mundgefühl.

Mundgefühl. Dazu gehören auch Empfindungen wie »warm« oder »kalt«; beim Wein geht es aber vor allem darum, wie er sich als Flüssigkeit anfühlt. Begriffe wie Körper, Säure, Tannin und Alkohol kommen jetzt ins Spiel.
Okay, der Reihe nach:

Körper. Nein, mit Supermodels hat das nichts zu tun, Jungs! Wir reden hier vom »Gewicht« eines Weins und wie man das im Mund spürt. Ist der Wein dünnflüssig und leicht wie klares Quellwasser, oder fühlt er sich viel schwerer an – wie Milch vielleicht?

Ihnen bekannt vor, nur die Worte fehlen

36 EIN SCHLUCK …

37 NICHT KLECKERN

38 SCHMECKEN!

36

37

38

05:00 | Adrian, der Großhändler

Die meisten von uns schlafen noch,

wenn die Großhändler längst dabei sind, ganze Lastzüge von Wein zusammenzustellen, zu prüfen, zu laden und weltweit auszuliefern.

Polyphenole senken den Blutdruck
und den Cholesterinspiegel

Säure ist ein natürliches Konservierungsmittel, das man in jedem Wein findet, auch wenn er überhaupt nicht sauer schmeckt. Kein Wein kann ohne sie auskommen, sie bildet sozusagen das Skelett, das die Frucht stützt. Ohne Säure würde Wein schlapp und unausgewogen schmecken. Man nimmt sie an den Zungenrändern wahr, dort verursacht sie ein leicht kribbelndes Gefühl. Die meisten Leute beschreiben es als »frisch«.

Tannin – auch Gerbstoff genannt – ist eine Substanz, die in Traubenschalen, Kernen und Stielen vorkommt, aber auch im Holz von Fässern. Wenn man von der »Struktur« eines Weins spricht, spielt das Tannin immer eine große Rolle. Man kann es nicht riechen oder schmecken, sondern nur durch dieses Gefühl wahrnehmen, das einem den Mund zusammenzieht, wenn man einen großen Schluck trockenen Rotwein getrunken hat. Sie haben immer noch keine Vorstellung davon, wie sich Tannin anfühlt? Lutschen Sie doch mal

auf einem Teebeutel herum. Na gut, das ist vielleicht doch ein bisschen zu heftig ... Wissenschaftlich spricht man jedenfalls von »Adstringenz«. Und um gleich bei der Wissenschaft zu bleiben: Tannin ist ein natürliches Konservierungsmittel, das Polyphenole enthält. Diese Polyphenole, heißt es, senken den Cholesterinspiegel und den Blutdruck, aktivieren das Immunsystem und verringern angeblich sogar das Krebsrisiko.

Alkohol entsteht durch Gärung – aber mehr dazu später. Ein Wein mit hohem Alkoholgehalt fühlt sich hinten im Mund fast »heiß« an. Doch wenn ein Wein gut gemacht ist, sollte er immer ausreichend konzentrierte Fruchtaromen dabeihaben, die den Alkohol ausgleichen. Normalerweise werden Sie dieses »heiße« Gefühl also gar nicht bemerken.

Gut. Wie aber bringen wir jetzt diese ganzen Sachen mit dem zusammen, was wir »Geschmack« nennen?

Jetzt kommt der Wein in den Mund ...

Leute, die Wein verkosten, machen meistens ziemlich komische Gesichter. Das hat aber einen guten Grund, glauben Sie mir. Beim richtigen Verkosten nimmt man einen guten Schluck und lässt den Wein ein paar Sekunden lang durch die Mundhöhle rollen – wie wenn man sich den Mund ausspült. Der Wein sollte überall hinkommen, da unterschiedliche Geschmackseindrücke an unterschiedlichen Stellen im Mund wahrgenommen werden.

Schlürfen. Jetzt kann es ein bisschen peinlich werden. Ich jedenfalls neige dazu, hier immer ein wenig zu kleckern. Es ist auch der Moment, an dem die Gesichter diesen komischen Ausdruck kriegen: Versuchen Sie, mit dem Wein im Mund etwas Luft durch die Lippen einzusaugen und ein paar Sekunden dort zu halten. Das funktioniert so, als ob Sie pfeifen, die Luft aber durch die gespitzten Lippen nicht auspusten, sondern einsaugen. Auf diese Weise kommt Luft in den Wein und erlaubt ihm, seine Geschmacksnoten noch weiter zu entfalten.

Kauen Sie den Wein richtig durch, damit er alle Geschmacksknospen im Mund erreicht. Dann wird ausgespuckt (natürlich nur, wenn Sie das sowieso vorhatten!). Spucken Sie etwa drei Viertel aus und trinken Sie nur den Rest. Glauben Sie mir, wenn Sie mehr als ein paar Weine hintereinander verkosten wollen, werden Sie mir für diesen Rat dankbar sein!

Schlucken Sie den Wein runter und achten Sie gleichzeitig darauf, was Sie spüren. Wo an der Zunge schmecken Sie etwas? Entsteht ein trockenes Gefühl im Mund? Wie viele Sekunden können Sie den Wein noch schmecken, nachdem Sie ihn runtergeschluckt haben? Ich verkoste einen Wein normalerweise zwei- bis dreimal, bevor ich ihn richtig trinke. Zuerst achte ich auf die Aromen, dann auf die Intensität, und schließlich versuche ich, einen Eindruck von Tannin (nur bei Rotwein), Säure, Körper, Nachhaltigkeit des Geschmacks und der allgemeinen Ausgewogenheit des Weins zu bekommen.

Ausgewogenheit ist sehr wichtig. Denken Sie an eine Waage: Auf der einen Seite haben Sie die Fruchtigkeit des Weins, auf der anderen Alkohol, Säure, Tannin und Eichenholzgeschmack (darüber mehr auf S. 117). Perfekt ist es, wenn sich alle die Waage halten und nichts überwiegt.

Der Wein ist die Summe all dieser Teile – vergleichbar mit den Mitgliedern einer Band, in der jedes eine wichtige Rolle spielt. Ob sie aber zusammen wirklich einen Hit landen oder nur ein Stück für die Karaoke-Bar, das hängt vor allem davon ab, wie gut sie miteinander harmonieren!

Drüber reden

Ein Raum mit Neulingen beim Verkosten. Es ist totenstill. Alle brüten über einem Glas mit sehr hellem Weißwein. Sie schwenken ihn in ihren Gläsern herum, tauchen ihre Nasen tief hinein und suchen fieberhaft Worte, um zu beschreiben, was sie riechen.

Die Konzentration ist mit Händen zu greifen. Erste Kommentare: »Passionsfrucht und Stachelbeere«, murmelt das Paar ganz vorne, nicht schlecht, aber »grasig« und »kräuterwürzig« von da hinten klingt auch schon sehr gut. Doch es ist der selbstbewusste junge Bursche in der zweiten Reihe, der als Erster ein klares Statement abgibt: »Ich finde, er riecht nach Katzenpisse und verschwitzten Achseln!« Brüllendes Gelächter im Saal. Der Lehrer grinst. »Herzlichen Glückwunsch, Sie haben vollkommen Recht«, antwortet er. Der junge Bursche (natürlich war ich das!) strahlt über's ganze Gesicht.

Science-Fiction

Als ich vor über zehn Jahren begann, mich ernsthaft mit Wein zu beschäftigen, konnte ich Rosinen nicht von Pflaumen unterscheiden. Ich wusste schon, was mir schmeckte, das war's dann aber auch. Neben dem Probieren schien mir Lesen der beste Weg zu sein, um zu lernen. So musste ich nicht lauter dumme (wie ich dachte) Fragen stellen – vor allem nicht vor den Leuten, mit denen ich arbeitete!

Ich war wie besessen. Ich kaufte Weinzeitschriften. Ich riss die Weinkolumne aus der Sonntagszeitung meiner Mutter. Ich nahm in den Geschäften alle Weinführer mit. Und aus irgendeinem Grund besorgte ich mir

auch alle gebrauchten, veralteten Weinbücher, die ich kriegen konnte. Ich war nie ein großer Leser gewesen, aber jetzt las ich und las und las ...

Die Weinsprache verwirrte mich viel mehr als der Wein selbst. Wie konnte es sein, dass ein so unkomplizierter Gegenstand derart komplizierte Begriffe brauchte? Es war mir ein Rätsel.

Ich dachte, Leute, die mit Wörtern wie Botrytis und Brettanomyces, Kohlensäuremaischung und Klonenselektion um sich werfen, können doch nichts anderes sein als ein Haufen heimlicher Science-Fiction-Freaks!

Und dann, kurz nachdem ich meinen ersten ernsthaften Weinjob angetreten hatte, hörte ich bei einer Verkostung jemanden von der »hohen Azidität« des Weins sprechen.

Hohe Azidität. Um Gottes willen, wovon redete der da? War das giftig? Musste ich sterben, wenn ich das trank? Würde ich meinen Job verlieren, wenn ich es nicht trank? Der blanke Horror! Glücklicherweise geriet ich bald darauf an eine Gruppe von Weinautoren der neuen Schule, die die ganzen unverständlichen Ausdrücke auf den Müll geworfen hatten. Sie sprachen mit mir so, dass auch ich Trottel es verstand. Eine Offenbarung! Plötzlich ergaben viele Dinge endlich einen Sinn! Ich begann zu begreifen, was ich trank, und von da an lief es praktisch wie von selbst.

Exotisch. Wein ist wie ein exotisches fremdes Land, das man erkunden möchte. Wie in allen fremden Ländern spricht man dort eine eigene Sprache. Sobald man ein paar Ausdrücke radebrechen kann, wird man sich schon einigermaßen zurechtfinden, aber den maximalen Genuss holt man am ehesten heraus, wenn man sich mit den Einheimischen richtig unterhalten kann.

Die Wein- sprache verwirrte mich

viel mehr als der Wein selbst

Große Verwirrung

Für Neulinge kann die Weinsprache wirklich frustrierend sein. »Üppig, fest, fett, ansprechend, fleischig, spitz, voll, frisch« – bla bla bla! Manchmal hilft es, dass die meisten dieser Wörter auch eine ganz normale Bedeutung haben, oft vergrößert es die Verwirrung aber noch!

Weinbegriffe. Nehmen Sie z.B. das Wort »kurz«. Das bedeutet so viel wie »klein«, oder? Falsch. Als Weinbegriff meint »kurz« einen Wein, dessen Geschmack schnell im Mund verschwindet. Oder woran denken Sie, wenn Sie »flau« hören? An das Gefühl in der Magengrube vor einer wichtigen Prüfung oder an einen Wein, dem es wegen Säuremangel an Ausgewogenheit und Struktur fehlt? In der Weinwelt ist es eindeutig Letzteres! Es gibt noch mehr Beispiele. Viele Leute nennen z.B. einen säurereichen Wein »scharf« oder sagen »lieblich«, wenn sie eigentlich »fruchtig« meinen.

Wissen, was man will. Wie konnte etwas so Normales wie Wein intellektuell so verquast werden, dass ein normaler Mensch nicht mehr durchblickt? Wein ist für alle da. Solange Sie wissen, was Sie wollen, und Ihnen schmeckt, was Ihnen schmeckt, so lange ist alles andere egal. Die Weinsprache ist nicht so wichtig. Wenn Sie mit ihr nicht klar kommen, sei's drum – lassen Sie sich vor allem nicht davon runterziehen!

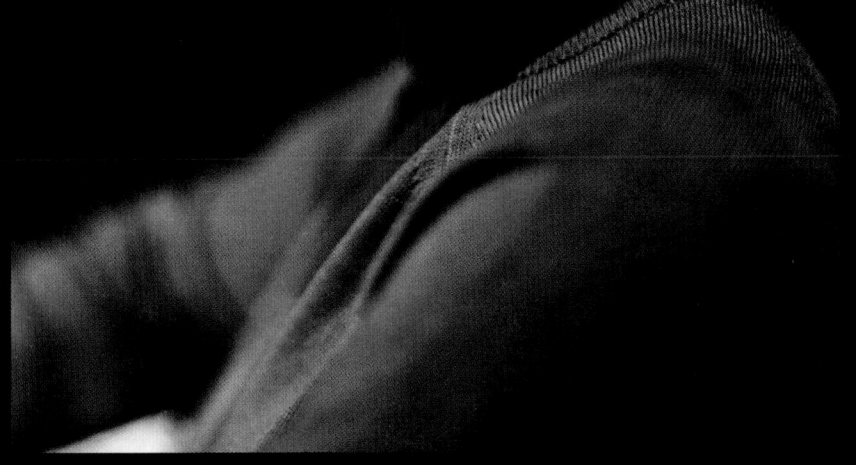

06:00 | Ntsiki, die angehende Kellermeisterin

Bald macht sie ihren ersten Wein.

Ntsiki kann es kaum erwarten. Vor ihrem Studium an der Universität Stellenbosch hatte sie von Trauben noch keinen Schimmer.

frucht
Rot und weiß

TRAUBE IST NICHT GLEICH TRAUBE. Es gibt Hunderte von verschiedenen Sorten, und jede hat ihre eigene Persönlichkeit. Manche sind fein und zart, andere kräftig und intensiv.

Neue Rebsorten entstehen so ähnlich, wie der Stammbaum einer Familie mit der Zeit wächst und sich verzweigt. Ein Steckling wird an einen anderen Ort gebracht. Das Klima, der Boden, ja sogar die Krankheiten – alles ist neu. Wenn sich die Rebe hier behaupten will, muss sie sich verändern. Sie mutiert und wird schließlich zum Urahn einer ganz neuen Sorte.

Gleichzeitig lassen sich aber alle Traubensorten, rote wie weiße, auf einen gemeinsamen Ursprung zurückführen. Botanisch gehören sie zur gleichen Art – sie sind Abkömmlinge jener Rebe, die den Namen *Vitis vinifera* trägt.

In diesem Kapitel will ich Ihnen meine Lieblingssorten vorstellen: die interessantesten Trauben für Rot- und Weißwein, die auf diesem Planeten wachsen. Jeweils in alphabetischer Reihenfolge kommen erst die Klassiker, dann die weniger Berühmten an die Reihe. Wenn nötig, ist die Aussprache der Namen angegeben. Was dabei hilfsweise »ng« umschrieben ist, wird im Französischen nasal gesprochen – wie mit einer dicken Erkältung!

Symbole (siehe unten) geben Ihnen einen ersten Vorgeschmack auf den Weinstil – von leichten und feinen Tropfen über vollere Exemplare bis zu den echten Schwergewichten. Die Symbole sollen Sie außerdem ermuntern, öfter mal was Neues zu probieren. Sie wissen schon, dass Sie beispielsweise Chardonnay mögen, haben aber noch nie Grünen Veltliner getrunken? Gleiches Symbol – Flasche gekauft! Das Leben ist zu kurz für immer nur Hauswein in der Stammkneipe.

Die Symbole bedeuten in puncto Weinstil:

⬆ Manche mögen's leicht

☯ Nicht zu leicht, nicht zu schwer – gerade richtig eben

⬇ Aus dem Vollen gegriffen

Weiße Trauben

Ob ich lieber Rot- oder lieber Weißwein trinke, werde ich oft gefragt. Eigentlich habe ich keine besondere Vorliebe ... aber wenn ich's mir genau überlege, kommt mir unterm Strich wohl doch öfter ein Weißer als ein Roter ins Glas. Stöbern wir also jetzt ein bisschen in meinen weißen Lieblingstrauben rum. Neben den großen Stars sind auch ein paar weniger bekannte (aber keineswegs weniger wichtige) Sorten dabei, und einige von ihnen werden schon bald ziemlich Furore machen – da bin ich sicher.

◑ Chardonnay

schardonä

Chardonnay ist der absolute King der weißen Trauben, ob's einem gefällt oder nicht. Es gibt nämlich Leute, die ihn so richtig verabscheuen, man hat ihn sogar die »Coca Cola der Weinwelt« genannt. Seinen Platz auf dem Olymp kann ihm trotzdem niemand streitig machen. Wäre ja auch komisch, wenn an der meistkonsumierten Weißweinsorte der Welt nichts dran wäre!

Stil | Ich bin völlig verrückt nach Chardonnay. Okay, es gibt Weine darunter, die sind so interessant, wie wenn in China ein Sack Reis umfällt. Aber ein richtig guter Chardonnay ist ein Ereignis! Die großen Weine dieser Sorte gehören mit ihrer unglaublichen Vielfalt an Aromen und Geschmacksnoten absolut zur Weltspitze. Ihren Höhepunkt erreichen sie in Burgund (Frankreich). Die Kellermeister dort legen sehr viel Wert auf Struktur, Finesse und Alterungsfähigkeit ihrer Weine, im Gegensatz zur einfachen Fruchtigkeit, die man sonst wo meistens findet. Chardonnay-Reben wachsen fast überall auf der Welt. Je nach Land oder Region können die Weine deswegen sehr unterschiedlich schmecken und riechen. Und damit gehen die Probleme auch schon los ...

Geschmack | Chardonnay ist ein Verwandlungskünstler. In den warmen Gebieten der Südhalbkugel reicht die Bandbreite seiner Aromen von sanft (Pfirsich und Birne) bis heftig (reife tropische Früchte wie Banane, Ananas, Guave, Mango). Nördlich des Äquators geht es bei den feinen Weinen der Chablis-Region mit ihren Zitrus- und leichten Honignoten los und endet bei den irrsinnig konzentrierten und vielschichtigen Weinen der Côtes de Beaune, die vor Zitronen, süßen Gewürzen, gerösteten Nüssen und Schweinefett (yeah!) nur so triefen.

Und sonst | Wie der jeweilige Chardonnay ausfällt, hängt aber auch stark von der Handschrift des Kellermeisters ab. Ein paar Standardtricks – Fassgärung, volle malolaktische Gärung und ein bisschen Hefesatzlagerung (keine Sorge, hinten im Glossar wird das alles erklärt) – und Abrakadabra, heraus kommt genau die Sorte Chardonnay, die viele Leute so innig hasslieben. Derart verhunzte Weine gibt es in Wirklichkeit aber gar nicht mehr so oft. Die meisten Erzeuger haben inzwischen begriffen, dass »weniger mehr ist«, und keltern wieder Wein, nach dem Chardonnay-Fans wie ich sich die Lippen lecken.

Chenin blanc

auch Pineau | Steen

*schen**äng** **blong***

Die Traube ist ein Globetrotter, ein Alleskönner, mindestens so praktisch wie ein Schweizer Armeemesser. Mit ihrem hohen Säuregehalt und ihrer Neigung zur Edelfäule (ein erwünschter Pilzbefall, der den Beeren Wasser entzieht) ist sie für fast alle Weinstile geeignet: süß, trocken und schäumend.

Stil | Ihren angestammten Platz hat die Traube im Loiretal in Frankreich. Hier kann sie auch alle ihre Fähigkeiten ausspielen: Atemberaubend rassige trockene Weiße, üppige, dickflüssige Süßweine und knochentrockene, megaschäumende Schaumweine, die zu den besten Aperitifs der Welt gehören, kommen von dort. Außerhalb Frankreichs ist vor allem Südafrika ihr Revier. Noch vor ein paar Jahren lieferte sie über ein Viertel aller am Kap erzeugten Weine!

Geschmack | Trotz all seiner Talente steht Chenin blanc (nicht ganz zu Unrecht) im Schatten seines glänzenderen Verwandten Sauvignon blanc. Bei allen Ähnlichkeiten sind die kräftigen Aromen von grünem Apfel, Stachelbeere und frischen Kräutern ein typisches Merkmal von Chenin blanc.

Und sonst | Während Sauvignon blanc jung am besten ist, kommt Chenin blanc als seriöser und gesetzter Herr im mittleren Alter (mit 10, 15 Jahren) so richtig zum Zug. Die ganzen Apfel- und Birnennoten sind noch da, werden aber um eine schöne Honigfülle bereichert. Hier gibt es viel zu entdecken!

Gewürztraminer

auch Traminer | Clevner

Vorhang auf für den krassesten Typen
unter den weißen Trauben: ein Transvestit
im schrillen Fummel, auf Stöckelschuhen,
immer mit zu viel Make-up – und parfü-
miert, dass einem die Luft wegbleibt. Aber
wehe, er darf sich so nicht zeigen. Dann ist
er der uncoolste Typ, den man sich vorstellen kann, kommt sozusagen in braunen
Socken, Sandalen und kurzen Hosen daher.
Und dann dieser unaussprechliche Name!
Sie lachen? Sie können ja auch »Streich-
holzschächtelchen« aussprechen! Aber arme
Australier wie ich ...

Stil | Im Elsass ist »Gewurz-
traminer« (ohne Pünktchen) ein
Superstar, und auch in Deutschland mag man ihn gern. Seit
einiger Zeit sind Länder wie
Australien, Neuseeland und Chile
mit eingestiegen und machen
aus ihm richtig schöne Weine.

Geschmack | Was Aromen
und Geschmacksnoten betrifft,
ist der Gewürztraminer ein echt
exotisches Gewächs. Die Besten
duften nach Litschis, Rosen,
Orangenblüten, Zimt, Ingwer,
Blumen und Gewürzen. Klingt
doch gar nicht schlecht, oder?
Gewürztraminer ist eher säure-
arm und daher recht vollmundig.
Typisch für ihn ist auch der lang
anhaltende Nachgeschmack.

Und sonst | Die meisten
anderen Weißweinsorten sind
flexibler und bringen eine grö-
ßere Vielfalt an Stilen hervor,
dafür passt Gewürztraminer zu
allen Speisen mit leicht würziger,
herber oder süßer Geschmacks-
richtung. Wenn Sie sich also das
nächste Mal beim China-Imbiss
was holen, seien Sie kosmopoli-
tisch und packen Sie eine Flasche
Gewürztraminer mit ein.

◑ Muscat

auch M. blanc à petits grains, M. lunel, M. de Frontignan, M. d'Alsace, M. Ottonel | Muskateller | Moscato | Moscadello | Moscatel | Tamîioasa

müs<u>kah</u>

Zu den Kindheitserinnerungen, die ich nie vergessen werde, gehören die Familienausflüge von Kellerei zu Kellerei durch das nordöstliche Victoria in Australien. Ich weiß jetzt noch, wie es in den Weinbergen nach Rosinen roch, die in der Sonne trockneten – genau jene, aus denen der süße, üppige Muscat Australiens bereitet wird.

Stil | Von dieser Traube existieren die verschiedensten Varianten, von der unendlichen Menge an Synonymen ganz zu schweigen. Und dann gibt es auch noch unüberschaubar viele verschiedene Weinstile! Das geht los bei dem leichten Schaumwein Moscato d'Asti aus der Nordwestecke Italiens, reicht über den süßen, mit Alkohol angereicherten Muscat de Beaumes-de-Venise aus dem Rhônetal bis zum kräftig-aromatischen spanischen Malaga, dem sirupartigen Moscatel de Jerez und weiter zu den einzigartigen süßen, mit Weingeist verstärkten Muscat-Weinen aus dem Nordwesten des australischen Bundesstaates Victoria.

Geschmack | Bei einer derartigen Vielfalt lässt sich ein eindeutiger Sortencharakter nicht so einfach beschreiben. Im Duft der leichteren Weine kann man Birnen, Äpfel und Blumen finden, die dicken Monster riechen nach Rosen, Kaffee und Schokolade. Fast immer aber wird ein klares Aroma von Trauben mit von der Partie sein. (Wer hätte das gedacht?)

Und sonst | Wenn Sie eine der einfachsten (und besten!) Kombinationen von Wein und Essen ausprobieren wollen, dann schnappen Sie sich eine Flasche Moscato d'Asti aus Nordwestitalien und trinken Sie sie zu einer Auswahl absolut frisch gepflückter Früchte. Nicht zu toppen!

Pinot grigio / Pinot gris

auch Grauburgunder | Ruländer | Malvoisie

pinoh gridscho / pinoh gri

Stellen Sie sich eineiige Zwillinge vor, die nach der Geburt getrennt wurden und in verschiedenen Ländern aufgewachsen sind. Genetisch sind sie identisch, aber sie sprechen eine andere Sprache und sind auch sonst ganz unterschiedlich. Das sind der berüchtigte italienische Pinot grigio und sein französischer Bruder Pinot gris.

Stil | Eigentlich sind die beiden Rebsorten identisch. Aber im Stil des jeweiligen Weins gibt es gewaltige Unterschiede. Pinot grigio ist ein Kind des kühlen italienischen Nordostens, während Pinot gris nirgendwo mehr zu Hause ist als im Elsass. Außerhalb Europas hat Neuseeland mit Pinot gris die Nase vorn, dann kommen die USA und – mit etwas Abstand – Australien.

Geschmack | Pinot grigio, das ist Italianità pur: leicht, delikat und frisch. Man erzeugt ihn normalerweise in Edelstahltanks und trinkt ihn jung, solange er noch richtig spritzig ist. Pinot gris dagegen ist ein echtes Kind Frankreichs – wuchtiger und voller, mit mehr Gewicht und einer Intensität, die oft durch die Lagerung im Holzfass verstärkt wird. Im Elsass hängt man manchmal noch »Tokay« vor den Namen.

Und sonst | Pinot grigio schmeckt am besten zu leichteren, aromatischen Speisen wie Salat, Fisch und Meeresfrüchten (Scampi, Austern). Den üppigeren Pinot gris – vor allem, wenn er nicht allzu trocken ist – sollten Sie mal zu gebratener Gänseleber probieren. Unschlagbar! Guter Pinot gris kann übrigens locker ein paar Jahre altern.

Eineiige Zwillinge,
die in verschiedenen Ländern aufgewachsen sind

07:00 | »Gardener«, der Weinbauspezialist

Sich um die beste aller Pflanzen

zu kümmern, ist der Job von Wayne »Gardener« Morrow. Er reist durch ganz Neuseeland und sieht nach den Reben .

08:00 | Ray, der Staplerfahrer

Mal eben 300 000 Kisten Wein

im Lagerhaus zu verschieben, ist für Ray mit seinem Gabelstapler kein Problem.

← Riesling

Lange Zeit stand Riesling in dem Ruf, der André Rieu der Weißweintrauben zu sein – perfekte Technik, aber sonst nichts dahinter. Sein Image als Lieferant süßlicher deutscher Weine hatte er sowieso weg, und ein paar handfeste Skandale in den Siebzigerjahren ließen bei vielen Weintrinkern endgültig den Rollladen runtergehen. Aber seit neuestem feiert er ein Comeback. Er kann klasse Weine hervorbringen, die überhaupt nicht süß sind, und das zu ganz erstaunlich günstigen Preisen. Riesling verträgt sich bestens mit vielerlei Speisen, ganz besonders aber mit asiatischer Küche und natürlich Seafood.

Stil | Seine geistige Heimat ist natürlich Deutschland, aber auch aus Österreich, Frankreich, den USA, Neuseeland und Australien kommen erstklassige Rieslinge. Wir reden hier von trockenen Weinen und nicht von Süßkram! Vielleicht finden Sie sie zunächst ein bisschen sehr herb (»stahlig« hört man immer wieder), das kommt von der reichlich vorhandenen Säure. Aber wenn Sie vorhaben, den Wein länger als nur ein paar Jahre aufzuheben, dann ist das genau das Richtige.

Geschmack | Guter Riesling hat schöne, reine Aromen von Zitrusfrüchten, zusammen mit frisch geschnittenen Blumen und Gewürzen. Im Mund erwarten Sie Zitronen, Limetten und mineralische Noten. Derzeit sind die völlig knochentrockenen Weine der Renner, aber glücklicherweise gibt es in Europa auch noch eine Hand voll Erzeuger, die ihnen einen Rest von Süße lassen – man muss sich nur ein bisschen mit den Etiketten auskennen (siehe S. 144)!

Und sonst | Sein Comeback hat gerade erst begonnen, darum gibt es beim Riesling noch ein paar echte Schnäppchen zu machen – Superweine für bezahlbares Geld. Von allen Weißweinen werden Rieslinge auch mit Abstand am ältesten – die Besten überleben locker einen Menschen! Also ab mit ein paar Buddeln davon in den Keller – wenn Sie Ihren Rentenbescheid bekommen, brauchen Sie sicher Trost!

Sauvignon blanc

auch Blanc fumé

sowinjong blong

An Sauvignon blanc scheiden sich die Geister wie sonst bei keiner anderen Sorte. Aber was soll man auch über eine Traube denken, deren Geruch mit »verschwitzte Achseln«, »Katzenpisse« (doch!), »Dosenspargel« und »frisch gemähtes Gras« beschrieben wird?

Stil | Zusammen mit Sémillon spielt Sauvignon blanc in den berühmten süßen Sauternes-Weinen aus Bordeaux eine tragende Rolle. Ansonsten steht die Traube in Frankreich eher für frische, mineralische Weine – z. B. an der Loire in Pouilly-Fumé und Sancerre. Auch in der Neuen Welt ist sie verbreitet. In Südafrika und Chile macht sie eine gute Figur, den größten Erfolg und eine neue Heimat hat sie aber zweifellos im neuseeländischen Marlborough.

Geschmack | Klassischer Sauvignon blanc hat eine sehr helle Farbe und einen unverkennbar scharfen Geruch. Passionsfrucht, Spargel, Stachelbeere, Holunderblüten, Basilikum, Minze und frisch gemähtes Gras kann man darin finden und noch viel mehr. Die Weine sind so frisch und sauber, geradezu schmissig und mit jeder Menge rassiger Säure, dass es schon fast weh tut.

Und sonst | Sauvignon blanc ist bei der Wahl seiner Essenspartner unkompliziert. Der Trick besteht darin, möglichst einfache Zutaten zu nehmen. Fischgerichte liegen natürlich nahe, aber auch Ziegenkäse oder Ricotta können eine gute Idee sein. Richtig klasse kann es werden, wenn das Essen Frische und Frühling ausstrahlt: frische Erbsen, Bohnen, Zucchini, Basilikum, Minze, Zitrone. Alles höchst einfach, ergänzt sich aber im Idealfall perfekt mit diesem Wein.

⟱ Sémillon

semijong

Auf den ersten Blick wirkt Sémillon wie Hintergrundmusik im Kaufhaus – flach und ein bisschen langweilig. Aber wenn man hinter die Fassade schaut, kann man wahre Wunder erleben und eine Sorte entdecken, die zu großer Schönheit und echter Magie fähig ist.

Stil | In seiner Heimat Bordeaux macht man aus Sémillon vor allem mittelschwere bis körperreiche Weiße. Richtig groß rausgekommen ist die Traube aber Down Under – in Australien. Hier lässt man den Akzent auf dem »e« weg und produziert herrlich gebaute, unglaublich langlebige Weine aus ihr, vor allem im Hunter Valley in New South Wales. Auch in Südafrika, Osteuropa, Asien und Griechenland wird Sémillon angebaut.

Geschmack | Ein typischer junger Sémillon – immer vorausgesetzt, er ist wirklich gut – ist voll von cremigen, weichen Aromen reifer Sommerfrüchte wie Birne und weißer Pfirsich. Lecker! Aber jetzt legen Sie mal ein paar Flaschen einige Jahre beiseite. Dann wird's magisch! Reife Weine duften intensiv nach Zitrusfrüchten, manchmal sogar nach Orangenmarmelade, dazu kommen Aromen von Toast, Honig, Nüssen und süßen Gewürzen. So mag ich mein Frühstück!

Und sonst | Man möchte es kaum glauben, aber das Hunter Valley, wo sich die Traube zu Spitzenleistungen aufschwingt, ist ein höchst ungemütlicher Ort. Brände, Wirbelstürme, Dürre und große Temperaturschwankungen sind an der Tagesordnung, und man fragt sich, wie hier überhaupt Trauben wachsen können. Aber wenn man den Wein im Glas hat, glaubt man alles. Sie haben irgendwo einen Hunter Valley Semillon gesehen? Zugreifen!

Viognier

wionjeh

Nichts für schwache Gemüter! Viognier hat Wucht und Speed und ähnelt in vielem Chardonnay. Und wenn Sie sich mal auf hohem Niveau die Kante geben wollen: Ein guter Viognier kann ohne weiteres 15 Prozent Alkohol haben!

Stil | Ursprünglich stammt die Traube von den fast senkrechten Hängen Condrieus im nördlichen Rhônetal. Inzwischen sind auch Länder der Neuen Welt wie Australien und Südafrika ziemlich erfolgreich mit dieser Sorte.

Geschmack | Viognier hat zwar nicht die tropischen Aromen des Chardonnay, dafür aber einen berauschenden Duft nach Aprikosen, Orangenschale und frischen Blumen. Im Mund ist er schwer und reichhaltig, manchmal sogar ölig. Er hat einen langen Nachgeschmack, schön ausgewogen mit geringer Säure.

Und sonst | Speisen, die zu Viognier passen, sind nicht ganz einfach zu finden. Aber bei der geringen Säure in Verbindung mit den bombastischen Fruchtnoten würde ich es mit pikanter asiatischer Küche probieren – besonders Gerichte aus Thailand und Südindien.

Cortese

kortese

Stil | Cortese ist eine lokale Traube aus der Nordwestecke Italiens. Ihren bekanntesten Auftrittsort hat sie in einem Wein namens Gavi, der nach der Stadt heißt, aus der er kommt. Guter Gavi ist sauber und trocken mit einem fast neutralen Charakter.

Geschmack | Stellen Sie sich auf Birnen, Limetten, Mandeln, Talkumpuder und wirklich frische Blumen im Duft ein. Im Mund ist der Wein sauber, trocken, spritzig und fein. Sein Markenzeichen ist frische Säure.

Und sonst | Die Weine sind einfach und passen deshalb zu einer ganzen Reihe von Speisen, ganz besonders aber zu frischen Austern. Hmmm ... frische Blumen und Austern ... jetzt brauche ich nur noch die richtige Musik und ein paar Kerzen ... Wo ist meine Frau?

Garganega

garganega

Stil | Unter den Winzern der italienischen Region Soave (und so heißt auch der Wein) findet man kaum Überflieger. Garganega ist die Hauptsorte, daneben gibt es noch Trebbiano und ein bisschen Chardonnay. Leider hat man den Soave jahrelang vor allem als wässriges Tröpfchen in überdimensionalen Flaschen kennen gelernt, was seinen Ruf gründlich ruiniert hat. Doch inzwischen ist eine neue Generation von Weinerzeugern in Soave dabei, ohne großes Tamtam kompromisslos Qualität zu produzieren. Tatsächlich kann man hier zurzeit die besten Weißweine Italiens bekommen, die ihr Niveau auch konsequent halten.

Geschmack | Klassischerweise sind Aromen von Birnen, Äpfeln und Jelängerjelieber zu riechen. Garganega hängt gern ein bisschen länger am Stock und freundet sich auch leicht mit einem Hauch von Eichenholz an.

Und sonst | Nur so nebenbei: Aus dieser Sorte wird hier und da auch ein wirklich erstaunlicher Süßwein hergestellt, der zwar schwer zu finden ist, aber jeden Umweg wert wäre.

Grüner Veltliner

Stil | Sie haben noch nie was vom Grünen Veltliner gehört? Aber wo Österreich liegt, wissen Sie schon? In diesem Land hat sich so etwas wie ein Weißweinwunder ereignet! Klar, das hat auch mit dem klasse Riesling zu tun – Grüner Veltliner aber ist im Moment einfach obercool!

Geschmack | Wegen seines Gewichts und seiner Intensität wird er gern mit Chardonnay verglichen. Ich fahre vor allem auf seine Aromen ab. Er ist würziger als Chardonnay, hat japanische Miso-Paste, Ingwer und nasse Wolle in der Nase und vermittelt dem Mund ein volles und reichhaltiges Gefühl – ohne jede Holznote.

Und sonst | Wie Chardonnay kann es auch der Grüne Veltliner mit ziemlich kräftigen Speisen aufnehmen. Lachs, Thunfisch, Huhn und Schweinefleisch – alles ist eine gute Wahl.

⬅ Marsanne

mar<u>sann</u>

Stil | Einer der ersten Weiß-
weine, die ich probiert habe,
war ein Marsanne, und ich habe
ihn geliebt! Er war sauber, frisch,
fruchtig, nicht zu schwer, nicht
zu leicht – einfach perfekt. An
der nördlichen Rhône spielt
Marsanne nur die zweite Geige
hinter Viognier, im südlichen
Rhônetal dominiert sie aber die
meisten weißen Verschnitte.
Außerhalb Frankreichs hat sich
die Sorte in Teilen Australiens
gut eingelebt.

Geschmack | Freuen Sie
sich auf reife Fruchtaromen
(Pfirsich), frische Säure und kaum
einen Hauch von Eiche – mit
Fassholz kommt die Marsanne
nicht gut klar. Mit ein paar Jahren auf dem Buckel kann sie
einen verblüffenden Honigton
annehmen. Auch am Gaumen
zeigt sie sich dann etwas öliger
und hat mehr Gewicht und Fülle.

Und sonst | Marsanne passt
zu vielen verschiedenen Speisen, besonders zu leichten Fisch-
gerichten – es gibt aber auch
einige Volltreffer mit üppigerem
Seafood, sogar mit Räucherfisch.

⬇ Pedro Ximénez
auch PX

<u>pe</u>dro chi<u>me</u>nes

Stil | Die Stadt Jerez im Süden
Spaniens ist ein heißer Cocktail
aus Flamenco, Stierkampf, Reit-
kunst, Tapas, Kitesurfen und natürlich Sherry. Und Sherry, sage
ich Ihnen, Sherry ist richtig, richtig gut! Pedro Ximénez gehört
streng genommen zwar zu den
Weißweinsorten, ist aber ein
derartiger Sonnenanbeter, der
so unwahrscheinlich süße, dicke,
sirupartige Weine produziert,
dass man manchmal sogar von
»dunklem Sherry« spricht.

Geschmack | Gute PX-Wei-
ne sind fast schwarz, zähflüssig,
supersüß und riechen intensiv
nach Rosinen und Gewürzen.

Und sonst | Pedro Ximénez
nimmt man am besten nach dem
Essen zu sich – über köstliches
Vanilleeis geträufelt. Man kann
den Wein natürlich auch trinken,
z. B. zu einem Stück von Omas
Rosinenkuchen.

⬆ Pinot blanc
auch Klevner | Weißburgunder

pi<u>noh</u> <u>blong</u>

Stil | Sag einer was gegen
Familienbeziehungen. Pinot
blanc ist ein Kind des Pinot gris,
der wiederum mit dem Pinot
noir verwandt ist. Er gehört zu
den Typen, die alles können,
aber nichts wirklich perfekt.
Pinot blanc ist zuverlässig und
schmeckt lecker, wird aber kaum
je irgendwo die echte Nummer
eins. In Europa ist die Rebe an
vielen Orten heimisch, besonders im Elsass sowie in Teilen
Deutschlands und Italiens (Pinot
bianco). Auch in Nordamerika
baut man sie mit Erfolg an.

Geschmack | Ein recht
neutraler Bursche ist das, sowohl im Aroma als auch im Geschmack. Na gut, Birne, Apfel,
mineralische Noten, eine Spur
Honig, und, ja, vielleicht eine
Kreidenote kann man erwarten.

Und sonst | Warum ich
Pinot blanc mag? Er ist leicht,
delikat und genau das, was
ich unter »süffig« verstehe. Einfach ein Sommerwein, von dem
man immer ein paar Flaschen
vorrätig haben sollte.

Sherry is back, und er ist richtig, richtig gut!

Laborarbeit ist Qualitätskontrolle

– bevor ein Wein auf den Markt kommt, wird er im
Labor der Kellerei genauestens durchgecheckt.

← Roussanne

rus<u>sann</u>

Stil | Roussanne und Marsanne sind ein Zwillingspaar – wie die Kessler-Zwillinge, Mary-Kate und Ashley Olson oder die Brüder Altintop. Und so wie die Kessler-Zwillinge jahrelang das Markenzeichen des deutschen Showbusiness waren, so sind Marsanne und Roussanne die Lieblinge unter den Weißweinsorten an der südlichen Rhône in Frankreich. Wie ihr Verwandter Viognier – der ja auch an der Rhône zu Hause ist – sind beide fein und subtil in Aroma und Struktur. Außerhalb Frankreichs wächst Roussanne auch in Italien, den USA und Australien.

Geschmack | Stellen Sie sich auf vollmundige, reichhaltige Weine voll weißer Schokolade, Steinobst (Aprikosen und Pfirsiche) und Gewürze ein.

Und sonst | Roussanne wird eher spät geerntet, also muss man sich nicht wundern, dass der Wein recht alkoholstark sein kann.

↑ Verdelho

wer<u>del</u>jo

Stil | Großartige Vertreter dieser Sorte, trockene wie süße, kommen aus Australien und Portugal. Verdelho ist außerdem ein wichtiger Bestandteil im Madeira, dem mit Alkohol verstärkten Weißwein von der gleichnamigen Atlantikinsel. Wenn Sie Sauvignon blanc mögen, wird Ihnen Verdelho auch gefallen. Egal, wie oft ich diese Weine verkoste, meine Notizen lesen sich immer so, als sei es Sauvignon blanc gewesen.

Geschmack | Der sehr helle Wein riecht nach Passionsfrucht, Zitrone und frisch geschnittenem Gras. Im Mund bringt er massenweise reife Zitrusfrüchte und ein spritziges Finish.

Und sonst | Nicht mit der spanischen Weißweinsorte Verdejo verwechseln! Nicht nur im Namen, auch im Aussehen und sogar im Geschmack sind sich die beiden zwar ziemlich ähnlich, aber eine Verwandtschaft besteht definitiv nicht.

← Verdicchio

wer<u>dik</u>jo

Stil | Ich mag Verdicchio wahnsinnig gern. Aber Moment noch, bevor Sie jetzt losrennen und im nächsten Laden ein paar Flaschen kaufen wollen: Sie werden ihn nicht so einfach kriegen. Verdicchio wird in den mittelitalienischen Marken vor allem von kleinen Familienweingütern in so geringen Mengen produziert, dass einfach nicht genug davon in den Export kommt. Aber wenn Ihnen mal einer vom Regal entgegenlacht: Mitnehmen!

Geschmack | Es sind volle, üppige Weißweine, die nicht sehr intensiv duften, im Mund aber herrliche Zitronennoten, schöne Würzigkeit und Fülle entfalten. Sie vertragen sich auch gut mit Eichenholz.

Und sonst | Schmeckt sehr gut zu allem, was aus dem Meer kommt; auch zu weißem Fleisch.

Sie mögen Sauvignon blanc?
Dann wird Ihnen auch Verdelho gefallen

Rote Trauben

Rotweintrauben gibt es praktisch unendlich viele, und
sie können alle möglichen Weinstile hervorbringen –
von leicht und fein bis mächtig, körperreich und tan-
ninstark. Auf den folgenden Seiten steht meine ganz
persönliche Auswahl: die Sorten, die ich für die wichtigsten halte, ihre typischen Eigenschaften, wo sie
wachsen, und auch ein paar Gemeinplätze, die man
einfach braucht, um in einem Gespräch über Wein
seinen Senf dazugeben zu können. Einige dieser Sorten
sind so berühmt, dass sie in jedem Winkel der Welt
(zumindest versuchsweise) schon angebaut worden sind,
andere kennt man noch nicht überall, aber ich glaube,
dass es die Superstars von morgen sind.

Cabernet Sauvignon

auch Petite Vidure

kaber<u>näh</u> sowin<u>jong</u>

Wenn Chardonnay der König der Weißweinsorten ist, dann ist Cabernet Sauvignon mit Sicherheit der uneingeschränkte Herrscher über die Roten. Ein großer Cabernet Sauvignon hat einfach alles: Kraft, Finesse, Eleganz, Alterungsfähigkeit und nicht zuletzt allgemeine Beliebtheit. Von allen Rotweinsorten ist er am meisten herumgekommen und hat seinen Wert überall auf der Welt unter Beweis gestellt. Da er aber eine spät reifende Sorte ist, läuft er nur in warmem Klima zu wirklich großer Form auf.

Stil | Ursprünglich in Bordeaux zu Hause, hat sich Cabernet Sauvignon inzwischen in jedem Weinland der Welt etabliert. Besonders gut macht er sich in Italien, Spanien, Chile, Argentinien, Südafrika, Australien und Kalifornien.

Geschmack | Man nennt Cabernet Sauvignon auch die »Donut-Sorte«, weil er am Gaumen in der Mitte ein großes Loch lässt. Darum wird er traditionellerweise mit Merlot verschnitten, der genau diesen Bereich ausfüllt. Die Bandbreite der Aromen ist bei einer so verbreiteten Traube schier unendlich. Einen Duft nach Schwarzen Johannisbeeren, dunklen Kirschen und Pflaumen, dazu Zeder, Minze, Leder und Eukalyptus kann man aber charakteristisch nennen. Wegen der dicken Traubenschalen und des hohen natürlichen Säuregehalts sind die besten »Cab-Sauv«-Weine die langlebigsten Roten der Welt.

Und sonst | Als ein ausgesprochen körperreicher Wein kommt Cabernet auch bestens mit kräftigen Speisen klar, also Fleischgerichten aller Art, besonders Rind. Schließlich muss das Essen seinerseits auch mit der Wucht des Weins mithalten können. Gerade zu festem Fleisch passen die trockenen, griffigen Tannine ganz hervorragend.

Grenache

auch Garnacha | Tinto aragonés | Aragón | Cannonau

gre<u>nasch</u>

Grenache ist schon seit Ewigkeiten mit von der Partie. Am meisten verbreitet ist die Sorte in Spanien, Frankreich und Australien. Im Verschnitt mit anderen Rotweinsorten macht sie zwar oft den Packesel, hat aber auch für sich allein so einiges drauf. Flächenmäßig gehört sie zu den am meisten angebauten roten Sorte der Welt, und wenn sie im Ertrag nicht beschränkt wird, produziert sie auch nur Massenwein. Seit kurzem steht Grenache wieder mehr im Rampenlicht. Trauben von alten Reben (und damit meine ich wirklich uralte) können köstliche, perfekte Weine von erstaunlicher Tiefe liefern.

Stil | Grenache ergibt gewichtige, konzentrierte, volle Rotweine, besonders in Frankreich an der südlichen Rhône. Spitzenexemplare können mühelos mit den größten Weinen der Welt mithalten. Auch für Roséweine in allerlei Stilen ist die Traube vielen Winzern nicht zu schade – immer dann nämlich, wenn wenig Tannin, blasse Farbe, schmissige Säure und ein ordentlicher Schuss Alkohol gefragt sind. Genau das, was Ihnen am Sonntagvormittag zum Brunch schmecken könnte. Rosé natürlich, nicht ein richtiger Grenache!

Geschmack | Ein typischer Grenache ist prall gefüllt mit Himbeeren und Pflaumen. Charakteristisch sind auch der Duft nach frisch gemahlenem Pfeffer und asiatischen Gewürzen, die sanfte Säure und die deutlichen, aber zurückhaltenden Tannine.

Und sonst | Bei allen Speisen, die mehr in die würzige Richtung gehen – Wild z. B. –, liegen Sie mit einer guten Flasche Grenache immer richtig.

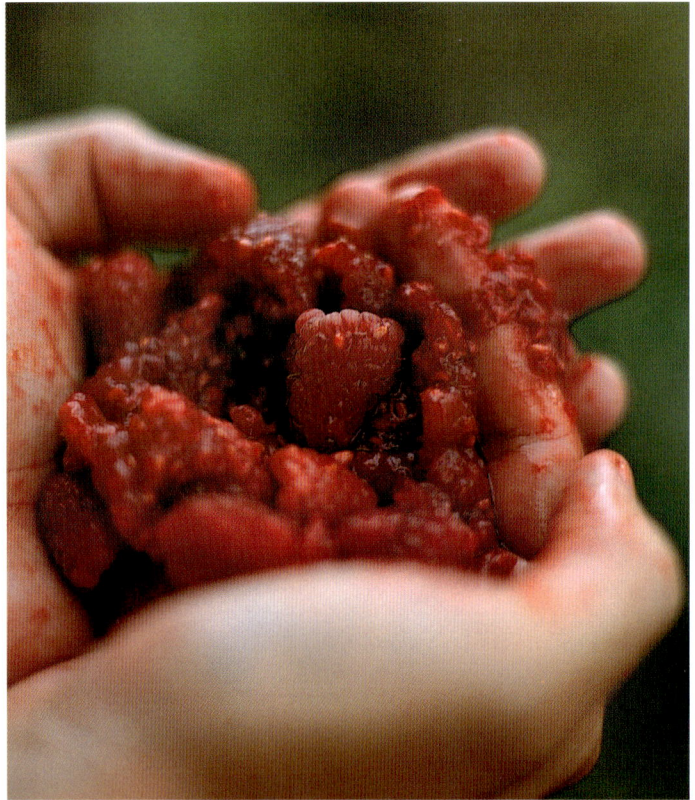

⬇ Malbec

auch Cot | Auxerrois

mal<u>bek</u>

In den argentinischen Anden kann man nicht nur genial Snowboard fahren, hier befinden sich auch die höchstgelegenen Weinberge der Welt. Die Rebflächen sind optimal zur Sonne ausgerichtet und mit einem einzigartigen Mikroklima gesegnet, so dass die Malbec lang und gleichmäßig reifen kann. 100 Prozent ausgereifte Trauben mit maximaler Säure also.

Stil | Malbec hat es nicht immer leicht gehabt. Jahrelang galt sie als »noch so eine Sorte zum Verschneiden«, dann wurden ihre Stöcke aus vielen Weinbergen sogar herausgerissen. Aber schließlich trat Argentinien auf den Plan, wo mittlerweile die ältesten Anpflanzungen der Welt liegen. Heute setzt der argentinische Malbec die Maßstäbe und ist keineswegs mehr nur der arme Vetter aus Übersee. Daneben wird die Sorte noch in Bordeaux, Chile und einigen Gegenden Australiens angebaut – von Sonne kann sie nicht genug kriegen. Wenn Ihnen kräftige Farben gefallen, sind Sie hier richtig: Ein Malbec ist fast schwarz.

Geschmack | Diese üppigen Weine sind im Idealfall weich und voll von superreifen Früchten, mit massenhaft Pflaumen, Gewürzen und großer Intensität.

Und sonst | Mächtige Weine brauchen kräftige Speisen. Gehen Sie in die Fleischabteilung und scheuen Sie sich nicht vor Gewürzen oder Süße – Malbec verträgt das alles mit links. Olé!

Wenn Ihnen kräftige Far- ben gefallen:
Malbec ist fast schwarz

10:00 | Paul und Josh, die Sommeliers

Weinkellner der neuen Generation

bleiben auf dem Teppich und beraten Sie freundlich und sachkundig, damit Sie den richtigen Wein bekommen.

♠ Merlot

mer<u>loh</u>

Ich weiß noch, wie ich über Merlot gelesen habe und mir bei Beschreibungen wie »fruchtig, saftig, reif und weich« das Wasser im Mund zusammenlief. Als ich dann endlich meinen ersten Merlot verkostete, schmeckte er dünn, sauer und roch wie die Blätter von Tomatenpflanzen. Hatte mich da einer verarschen wollen? Nicht unbedingt. Gerade bei Merlot kommt es extrem darauf an, wo er wächst und was man aus ihm macht. Er kann sehr leicht geraten, aber auch ziemlich massiv.

Stil | Jahrelang stand Merlot im Schatten des Cabernet Sauvignon. Im Verschnitt mit dem »großen Bruder« steuert er Fülle und Intensität bei – die klassische Mischung in Bordeaux, wo Merlot auch den größten Anteil an der Rebfläche hat. Seit kurzem sind die Verbraucher in England, Kalifornien und Australien ganz verrückt nach ihm.

Geschmack | Gut gemachter Merlot ist wie ein großer, alter, komfortabler Armsessel. Die Besten quellen über vor reifen, vollmundigen Früchten mit ein bisschen Tannin. Weine aus der Neuen Welt können sogar ziemlich fett sein, voll mit prallen, runden Pflaumennoten und sehr wenig Tannin. Spitzenweine aus Europa sind normalerweise trockener, schlanker und auch ein wenig raffinierter.

Und sonst | Der Reiz des Merlot liegt vor allem darin, dass er extrem süffig ist. Er lässt sich flaschenweise herrlich weggluckern und schmeckt und schmeckt und schmeckt ... (falls Sie auf so was stehen).

◖ Nebbiolo

auch Spanna | Chiavennasca

neb<u>jo</u>lo

Nur wenige Sorten machen mich so an wie
Nebbiolo. Wenn Sangiovese für mich wie
Robert de Niro ist, dann ist Nebbiolo mein
Al Pacino. Er kann absolut umwerfend sein,
wie ein großer Pinot noir, aber auch wirk-
lich voll daneben.

Stil | Das Piemont in Nord-
westitalien ist für alle Genießer
der Himmel auf Erden – und die
Heimat des Nebbiolo. Spitzenweine vereinigen konzentrierte
Frucht und kräftige Säure mit
sattem Tannin. Außerhalb Italiens wird die Sorte kaum angebaut, nur ein paar mutige Winzer
in Australien, Neuseeland und
den USA versuchen es mit mäßi-
gem Erfolg.

Geschmack | Beschränken
wir uns auf die richtig großen
Weine wie Barolo: Sie sind viel-
schichtig und komplex, mit Aromen von Teer, Rosen, dunklen
Kirschen, schwarzen Oliven und
Rosmarin. Doch, wirklich! Das
sind Weine, vor denen ich nur
sitzen möchte und stundenlang
riechen ...

Und sonst | Und was isst
man am besten dazu? Die Frage
ist eher: was nicht? Gut sind
Pilze, Trüffeln (die kommen
sowieso aus dem Piemont),
Huhn, Kaninchen und alle Arten
von mehr oder weniger merk-
würdigem Wildbret, ganz zu
schweigen von schööön altem
Schimmelkäse. Und wenn Sie ein
paar Flaschen beiseite legen
wollen: Spitzenweine können
unendlich lange altern.

Pinot noir

auch Pinot nero | Pineau | Savagnin noir | Spätburgunder | Blauburgunder

pinoh noar

Pinot noir ist mit Abstand meine rote Lieblingssorte! Aus dieser Traube können ungeheuer vielschichtige Weine entstehen, und die wirklich großen sind die betörendsten, verführerischsten Geschöpfe, die man sich vorstellen kann. Sie passen zu jedem Essen.

Stil | Lage, Klima, Ertrag, Auswahl der Klone – ob diese Rebe Erfolg hat, hängt von so vielem ab. Sie gilt als die leichteste aller roten Sorten. Ursprünglich stammt sie von den Côtes de Nuits in Burgund, aber da zahlen Sie für eine Flasche Spitzenwein auch schon mal den Preis eines neuen Porsche! Gemeinsam mit Chardonnay und Pinot Meunier ist Pinot noir auch im Champagner vertreten. Selbst südlich des Äquators fühlt sich die Traube immer heimischer, ganz besonders im australischen Tasmanien und den neuseeländischen Regionen Central Otago und Martinborough.

Geschmack | Schicht um Schicht breitet ein guter Pinot noir seine Herrlichkeiten vor Ihnen aus: Erdbeeren, Himbeeren, Kirschen und dunkle Waldbeeren, zusammen mit Aromen von Erde, Gewürzen, animalischen Noten, Zedern und Trüffeln. Im Mund kann er sich zart und mineralisch oder seidig und voll zeigen, fast immer aber setzt er mit frischer Säure und superfeinen Tanninen klare Akzente.

Und sonst | Um einen wirklich guten Pinot noir zu bekommen, müssen Sie keine Bank überfallen. Da es sich aber um eine ertragsschwache Sorte handelt (das heißt, sie bringt nicht viele Trauben hervor), die außerdem früh reift und ein gemäßigtes bis kühles Klima bevorzugt, müssen Sie ein paar Cent mehr riskieren, um etwas zu erleben. Achten Sie beim Kauf aber unbedingt auf die Region und, ganz wichtig, auf den Produzenten! Wenn Sie unsicher sind, lassen Sie sich lieber beraten – schlechter Pinot noir kann nämlich ebenso völliger Schrott sein, wie guter einen umhauen kann.

⟲ Sangiovese

auch Sangioveto | Brunello | Prugnolo gentile | Morellino | Nielluccio

san-dschowese

Einer meiner Lieblingsschauspieler ist Robert de Niro – ein klassischer Italiener, stilvoll bis zur Halskrause und als Gangster unvergleichlich. Jetzt sehen Sie sich die toskanische Spitzenrebsorte Sangiovese an: eindeutig Robert de Niro! Keine Widerrede!

Okay, den Gangster können wir meinetwegen weglassen, aber klassisch italienisch und super stilvoll ist Sangiovese auf jeden Fall! Man muss sich vielleicht erst an ihn gewöhnen – aber jetzt gehört er eindeutig zu meinen roten Lieblingssorten.

Stil | Als toskanische Traube findet man Sangiovese natürlich im Chianti Classico und im Brunello di Montalcino. Inzwischen hat er sich auch bis nach Australien und in die USA ausgebreitet. Noch hat man dort aber nichts zustande gebracht, was den italienischen Weinen das Wasser reichen könnte.

Geschmack | Ein typischer Sangiovese strotzt vor dunklen Kirschen, Pflaumen und Waldbeeren. Seine rustikale Seite zeigt Tabak, Gewürze und Erde. Unverwechselbar ist sein Tanningehalt, der einem den Mund zusammenzieht und manchmal nur in Verbindung mit einer ordentlichen Mahlzeit erträglich ist.

Und sonst | Zum Essen getrunken, ist Sangiovese in seinem Element. Sein Tannin wird spielend mit dem Fett und dem Öl fertig, auf denen viele Speisen der italienischen Küche basieren.

⬅ Syrah / Shiraz

auch Petite Syrah

sira / schiras

Was denn nun, Syrah oder Shiraz? Genetisch sind die beiden identisch – der Unterschied liegt im Stil und in der Herkunft. Der Syrah der Alten Welt ist schlanker, würziger und eleganter, während der rote Superstar der Neuen Welt, Shiraz, mächtiger ist: mehr Frucht, mehr Eichenholz, mehr von allem.

Stil | Der Syrah der Nordhalbkugel ist normalerweise weniger körperreich als der australische Shiraz. Auch Weine aus Südafrika, Italien und den USA können ziemlich gut sein. Wenn man aber an die winzigen Mengen denkt, die dort produziert werden, kann man ebenso gut eine Nadel im Heuhaufen suchen.

Geschmack | Die typischen Aromen beim Syrah reichen von Roten Johannisbeeren über Himbeeren zu Pflaumen – und fast alle haben eine Mordsdosis weißen Pfeffer und Gewürze. Shiraz trägt farblich dick auf und riecht intensiv nach dunklen Früchten, Himbeeren, Erde, Zeder und frisch gemahlenem Pfeffer. Volles Gewicht und kompromisslose Intensität sind seine Schlüsseltugenden. Zur kräftigen Frucht gehört eine mäßige Säure und viel Tannin – so viel, dass einem der Mund trocken wird.

Und sonst | Shiraz passt wie Cabernet Sauvignon gut zu Speisen mit ausgeprägtem Geruch und Geschmack. Der etwas leichtere Syrah hat sogar noch einen kleinen Vorteil, denn er verträgt sich auch mit weniger üppigen Fleischgerichten und mit Wild.

Eine Mordsdosis
weißer Pfeffer und Gewürze

⬇ Tempranillo

auch Tinto fino | Cencibel | Tinto del País | Tinta Roriz | Ull de Llebre | Aragonez

tempra<u>ni</u>jo

Spanien befindet sich gerade mitten in einer echten Weinrevolution, und Tempranillo, der große alte Herr der spanischen Weinszene, ist ganz vorne mit dabei. Die jungen Keller-meister haben sich vorgenommen, einiges anders zu machen, und steuern seit kurzem auf einem Kurs hin zu volleren Weinen im »internationalen« Stil.

Stil | Die Sorte stammt aus dem spanischen Rioja, wächst aber seit langem auch in den benachbarten Regionen Ribera del Duero, Navarra und Priorat. Außerhalb Spaniens hat sie in so weit entfernten Ländern wie Australien, Chile und den USA schon vielversprechende Weine geliefert.

Geschmack | Ein typischer Tempranillo hat einen soliden Kern aus dunklen Beerenfrüchten mit ziemlich rustikalem Einschlag. Traditionellere Weine sind von eher heller Farbe und stützen sich auf pikante Aromen wie Tabak, Gewürze, Leder und Erde – nor-malerweise das Ergebnis eines langen Aufenthalts im Holzfass. Weine im »internationalen« Stil protzen mit ausladender Frucht und jeder Menge Eichenholz. Sie sind tintenschwarz, tief und konzentriert wie dunkle Trocken-früchte. Die üppige Fülle ver-stärkt auch das Tannin, und das ist beim Tempranillo sowieso schon in Massen vorhanden!

Und sonst | Für einen so reichhaltigen Wein gibt es einen klassischen Essenspartner: Bra-ten, vor allem vom Rind und Lamm. Mit seiner charakteris-tischen frischen Säure, der mäch-tigen Frucht und dem hohen Tanningehalt passt er aber auch hervorragend zu vielen traditio-nellen spanischen Eintöpfen.

↻ Barbera

bar<u>be</u>ra

Stil | Wenn Nebbiolo der König des Piemont in Italiens Nordwesten ist, ist Barbera seine Königin. Die Traube wird aber überall in Italien angebaut und wächst auch in Übersee.

Geschmack | Im Vergleich zu Nebbiolo ist Barbera eher hell, mit Kirscharoma, frischer Säure und wenig Tannin.

Und sonst | In den Fünfzigerjahren begannen viele italienische Auswanderer in Australien, Tabak anzubauen. Aber Ende der Siebziger kam die australische Tabakindustrie auf den Hund, und viele Familien standen vor dem Nichts. Was konnten sie tun? Na, zu Wein wechseln. Im Bundesstaat Victoria stehen mit die ältesten Barbera-Stöcke außerhalb Italiens.

↻ Cabernet franc auch Bouchet | Grosse Vidure

kaber<u>neh</u> <u>frong</u>

Stil | Der einst große Ahn des Cabernet Sauvignon fristet ein bescheidenes Dasein als Verschnittpartner, seit der Run auf »Cab Sauv« die Züge einer Massenhysterie angenommen hat. Cabernet franc ist in Bordeaux und an der Loire zu Hause, taucht aber auch in Australien, Südafrika und Südamerika auf.

Geschmack | Die besten Weine sind fruchtig und reichhaltig, saftig und mineralisch, voller süßer Früchte, mit einer großen Palette an Aromen und vielleicht sogar mit mehr Eleganz als Cabernet Sauvignon – kurz, sie sind köstlich!

Und sonst | Warum verschneidet man ihn dann? Weil er viel natürliche Säure hat und Cabernet-Verschnitten damit festen Rückhalt gibt.

↺ Carignan | auch Carignano | Cariñena | Mazuelo

karin<u>jang</u>

Stil | Noch so eine Sonnenanbeterin. Carignan ist ein typisch französisches Gewächs. Die ältesten Reben stehen im Languedoc-Roussillon, und von da kommen auch die besten Weine. Ansonsten gibt es Pflanzungen in den USA und in Spanien, wo sie in den Rioja-Weinen auf Tempranillo-Basis als Verschnittpartner verwendet werden darf.

Geschmack | Körperreiche, tanninstarke, rustikale Rote – manchmal. Wenn man die Experten »schlecht reifend« und »stark säurehaltig« murmeln hört, weiß man, dass alles nicht so einfach ist.

Und sonst | Carignan war einmal die meistangebaute Rotweinsorte der Welt, heute ist sie aus vielen Weinbergen verschwunden.

↺ Carmenère

karme<u>när</u>

Stil | Ich bin so was wie ein heimlicher Carmenère-Verehrer. Aber sprechen Sie mal mit Winzern, die das Zeug anbauen, da hält sich die Begeisterung in Grenzen. Die Rebe kann im Weinberg der absolute Albtraum sein. Erst brauchen die Trauben ewig, bis sie reif sind; wenn man sie dann aber nicht sofort im richtigen Moment erntet, ist schon wieder die ganze Säure beim Teufel. Trotzdem: Wenn der Wein gut ist, dann ist er richtig gut!

Geschmack | Die besten Weine sind prall mit dunklen Früchten gefüllt (Pflaumen, Brombeeren, dunkle Kirschen), mit Noten von Gewürzen und Leder – ich kann mir nicht helfen, ganz wie Merlot!

Und sonst | Carmenère stammt aus Bordeaux, und viele halten sie eigentlich für verkappten Merlot.

Dolcetto | auch Charbono

doll-tschetto

Stil | Nach König Nebbiolo und Königin Barbera ist der Dolcetto mehr der Wein für alle Tage im Piemont. Er gibt sich alle Mühe, weltläufig zu erscheinen, hat aber nur in Australien und den USA begrenzten Erfolg.

Geschmack | Dolcetto ist für Auge, Nase und Mund oft ziemlich rustikal, aber seit bei der Bereitung Mikrooxidation eingesetzt wird (eine Technik, bei der Sauerstoff in winzigen Bläschen durch den gärenden Most gepumpt wird), hat er an Farbe, Aroma, Geschmack und Tannin gewonnen.

Und sonst | Dolcetto heißt »kleiner Süßer« – vielleicht brauchen Sie das Wort ja mal, wenn es Sie in eine italienische Single-Bar verschlägt!

Gamay

gamä

Stil | Jedes Jahr am dritten Donnerstag im November pilgern Abertausende ins französische Beaujolais, um den ersten Wein der neuen Ernte zu ergattern, den Beaujolais Nouveau. Und auch wenn man sich nirgendwo sonst auf der Welt groß für Gamay interessiert: Hier ist diese Rebsorte der unangefochtene Star, und ihre Weine sind reif, saftig und alles andere als schwer.

Geschmack | Der Trick beim Beaujolais heißt Kohlensäuremaischung. Das ist eine Kellertechnik, bei der die Beeren unzerkleinert vergoren und erst später gepresst werden. Heraus kommen superfrische, säurearme Weine mit wenig Tannin, dafür aber voll reifer, süßer, herrlich himbeeriger Frucht.

Und sonst | Klassischer Beaujolais enthält nicht viel Alkohol. Lassen Sie das Auto trotzdem stehen.

Mourvèdre | auch Monastrell | Mataro

murwädre

Stil | Mourvèdre ist ein urwüchsiger, knorriger Typ – wie ein alter Bauer, der's faustdick hinter den Ohren hat. Im südlichen Rhônetal in Frankreich kann er, vor allem zusammen mit Grenache und Syrah, großartige Weine ergeben. In Spanien ist er sowohl als Monastrell wie als Mataro bekannt, in Australien sind die Namen Mataro und Mourvèdre geläufig.

Geschmack | Neben viel dunkler, süßer, pflaumiger Frucht findet man auch Pilze, animalische Noten, Tabak und sogar den Lammbraten von Muttern! Je älter die Rebe, desto besser der Wein: Köstliche, tintenschwarze, vollfruchtige, lang haltbare Tropfen werden von den ganz alten Stöcken hervorgebracht.

Und sonst | Mourvèdre wird wegen seiner animalischen Note selten alleine verkeltert, sondern normalerweise mit anderen Sorten verschnitten.

Negroamaro

negro-amaro

Stil | In Süditalien ist eine neue Gang am Werk. Neben Nero d'Avola und Primitivo markiert vor allem Negroamaro (»schwarz und bitter«) den knallharten Typ mit Sonnenbrille.

Geschmack | Wenn ein Negroamaro voll drauf ist, knallt er einem Teer, Sauerkirschen, Mittelmeerkräuter und Erde in die Nase. Vielleicht ist es noch zu früh, aber ich habe so ein Gefühl, dass diese Sorte auch mit der Sonne in ... sagen wir mal Australien, den USA oder Chile gut klarkommen würde.

Und sonst | Zu Essen? Alles, was Wucht hat!

Pinotage

pinotaasch

Stil | Über dieses Pflänzchen ist Südafrika tief zerstritten. Pinotage ist zu einer Glaubensfrage in seiner Heimat geworden. Viele der jüngeren Weinerzeuger am Kap wollen sich mit dieser Traube gar nicht mehr abgeben und alles vergessen, was mit ihr zusammenhängt. Sie ist eine Kreuzung aus Pinot noir und Cinsault, erinnert aber in ihren Eigenschaften an keine der beiden.

Geschmack | Die guten Weine sind reif, voll, dunkel und klotzig und brauchen bei der Produktion ein paar Streicheleinheiten.

Und sonst | Die Schlechten sind leicht, flach und schmecken nach Marmelade – sie taugen höchstens dazu, den verkrusteten Grill zu putzen.

Pinot Meunier | auch Müllerrebe | Samtrot

pinoh mönjeh

Stil | Neben Chardonnay und Pinot noir der geheimnisvolle Dritte im Champagner – wenn auch nur in einer kleinen, aber feinen Nebenrolle. Pinot Meunier bringt eine reichhaltige Nussigkeit mit, die dem Champagner Gewicht und Intensität verleiht. Außerhalb Frankreichs baut man die Sorte nur an wenigen Flecken in Australien, Deutschland (in Württemberg heißt er Samtrot) und Neuseeland an. Es gibt sogar eine Hand voll roter Stillweine, die in winzigen Mengen erzeugt werden.

Und sonst | Pinot Meunier ist sicherlich keine bedeutende Traubensorte, aber ich finde es trotzdem richtig, sie zu erwähnen!

Primitivo / Zinfandel

primitiwo / sinfandel

Stil | Eineiige Zwillinge, die nach der Geburt getrennt wurden! Zinfandel (oder Zin) ist in den USA aufgewachsen, wo man alles liebt, was groß und mächtig ist. Im kalifornischen Napa Valley hat er Karriere gemacht und ist berühmt geworden für seine unglaublich vollfruchtigen Weine, die einen umhauen. Primitivo ist in Süditalien geblieben und versucht mit seinen Kumpels Negroamaro und Nero d'Avola gerade eine eigene Gang aufzuziehen.

Geschmack | Mit jeder Menge reifer süßer Frucht und den Aromen von Veilchen und Leder ist Primitivo noch zurückhaltend im Vergleich zu seinem großkotzigen Bruder aus Übersee, Zinfandel.

Und sonst | Lange Zeit wurden die beiden für völlig verschiedene Rebsorten gehalten, aber vor kurzem hat man endgültig bewiesen, dass es tatsächlich Zwillinge sind.

Touriga nacional

turiga nasjonal

Stil | Die Königin der portugiesischen Trauben ist wichtiger Bestandteil im Portwein und liefert am Douro auch viele der modernen roten Tafelweine. Und so wie Cabernet oft einen Partner gut gebrauchen kann, wird auch Touriga gern mit lokalen Versionen von Tempranillo gemixt.

Geschmack | Dichte, tiefe Fruchtigkeit, eine Ledernote und eine tintenähnliche Konsistenz – jedenfalls braucht Touriga Zeit, um rund zu werden. In den Tafelweinen findet man Trockenfrüchte, Leder und Veilchen, die Ports sind fruchtig und süß, mit eimerweise Trockenobst und Gewürzen.

Und sonst | Touriga ist zu üppig, um sich gut mit Essen zu vertragen.

Schreiben wie ein Wasserfall ...

Unter den Weinautoren ist Jancis Robinson so etwas wie der Ferrari der Wörter – besser gehts nicht!

12:00 | Charles, der Weingutbesitzer

Mit Weinbau etwas verändern

– das hat Charles Back schon lange getan, bevor Empowerment-Projekte in Südafrika üblich wurden. Und er macht weiter damit.

anbau
Wie Trauben wachsen

WEINBAU IST LANDWIRTSCHAFT. Die Äcker heißen Weinberge und die Landwirte Winzer. Ob die Reben am Hang oder in der Ebene wachsen, spielt dabei keine Rolle: Ein Wein»berg« kann auch völlig platt sein, nur ist das eher die Ausnahme.

Die Weinbereitung, bei der die Trauben in der Kellerei zu Wein verarbeitet werden, ist etwas ganz anderes – auch wenn viele Weingüter eine eigene Kellerei auf dem Hof betreiben. Weinbau und Weinbereitung kann man jedenfalls klar voneinander unterscheiden.

Damit ist der einfache Teil aber auch schon zu Ende. Reben sind komplizierte und anspruchsvolle Wesen, mit denen man sich gut auskennen muss und die jede Menge Zuwendung brauchen.

Sie können sich das vorstellen wie ein Puzzle. Am Ende ergibt sich ein vollständiges Bild, aber erstmal muss man alle Teile richtig zusammenkriegen: Wo pflanzt man die Reben am besten? Wie muss der Boden beschaffen sein? In welcher Höhe sollte der Weinberg angelegt und in welche Himmelsrichtung ausgerichtet sein? Wie viel Wasser wird gebraucht? Wie stark oder lange muss die Sonne scheinen? Und wie viel Liebe, Blut, Schweiß und Tränen muss man investieren, um das herauszubekommen, was man will?

Jeder Weinberg hat seine eigene Identität, einen unverwechselbaren Charakter, den man in der Weinwelt »Terroir« *(terroahr)* nennt. Dazu gehören alle äußeren Einflüsse, denen er ausgesetzt ist: Lage, Klima, Bodenbeschaffenheit und dergleichen. Ein Weintester, der wirklich was draufhat, kann allein am Geschmack und Geruch eines Weins erkennen, aus welchem Weinberg er stammt. Das klingt wie ein altes Klischee, aber es stimmt tatsächlich. Das Terroir steckt im Wein drin.

Äußere Einflüsse bestimmen also entscheidend mit, wie die Trauben in einem bestimmten Weinberg werden. Jeder dieser einzelnen Faktoren ist schon für sich sehr komplex, und die Summe aller

Die wichtigsten Zutaten

Wie bei jedem Rezept gibt es auch für einen Weinberg ein paar Hauptzutaten, ohne die gar nichts geht. Ich meine Sachen wie Klima, Boden, Wasser und so, die für die Trauben absolut wichtig sind.

Dann gibt es noch den »Faktor X«, das Unvorhersehbare: die Natur selbst. Ein Bauer weiß, wie sehr er ihr auf Gnade und Ungnade ausgeliefert ist. Sie kann gütig sein, aber auch grausam.

Kein Jahr gleicht dem anderen. Die Jahreszeiten fallen immer unterschiedlich aus, es gibt mehr oder weniger Sonne, Wasser oder Frost. Darauf reagiert der Weinberg, und deshalb schmeckt der Wein jedes Jahr anders.

Um besser zu verstehen, worauf es beim Weinbau ankommt, stellen wir uns vor, wir hätten eine Wagenladung Stecklinge von Chardonnay-Reben, für die wir den idealen Standort finden müssen. Machen Sie mit?

Geographische Breite. Wo auf dieser Welt man überhaupt einen Weinberg anlegen kann, ist die erste und wichtigste Frage, die beantwortet werden muss.

Sehen Sie sich eine Weltkarte an: Es gibt nur zwei geographische Zonen, in denen Reben gut gedeihen können, und zwar der Bereich zwischen dem 30. und dem 50. Breitengrad jeweils nördlich und südlich des Äquators. Näher zum Äquator hin ist es zu heiß für Trauben, da bauen Sie besser Reis an (die Ausnahme dieser Regel ist Indien, wo die Winzer wegen der Hitze zweimal im Jahr ernten können). Zu nah an den Polen wiederum ist es zu kalt – die Trauben können nicht mehr ausreifen.

Aber Hitze und Kälte sind auch innerhalb dieser Zonen ganz unterschiedlich verteilt, deswegen brauchen wir jetzt auch das passende ...

Klima. Allgemein gilt, dass Weine von der Nordhalbkugel mehr Säure und weniger Alkohol enthalten als die aus dem Süden. Südlich des Äquators scheint die Sonne heißer (und das Ozonloch ist größer).

Ich will Ihnen das mal als Gleichung aufschreiben: Südhalbkugel = mehr Sonne; mehr Sonne = mehr Frucht und höherer Zuckergehalt; Frucht mit höherem Zuckergehalt = weniger Säure und mehr Alkohol (denn es ist der Zucker, der bei der Gärung in Alkohol umgewandelt wird).

Ort. Jetzt haben wir uns ein Klima ausgesucht, das uns gefällt, und müssen uns nun für einen konkreten Ort entscheiden. Das ist so einfach, wie rückwärts auf Skiern durch eine Drehtür zu fahren: Man kann es schaffen (verlangen Sie aber jetzt nicht von mir, dass ich es vormache!), man kann aber auch eine grandiose Bruchlandung hinlegen.

Es gibt nur zwei geographische Zonen,
in denen Reben gut gedeihen können

Lage. Damit die Reben möglichst viel Sonne tanken können – lebenswichtig für die Photosynthese und die Reifung der Trauben –, muss Ihr Weinberg an einer günstigen Stelle liegen und in die richtige Richtung blicken. Wenn Sie ihn auf der Nordhalbkugel anlegen, sollte er nach Süden, zum Äquator hin ausgerichtet sein. Auf der Südhalbkugel dagegen bekommen Nordhänge die meiste Sonne ab.

Jetzt stellen Sie sich vor, Sie könnten den ganzen Hügel nutzen. Wo sollen Sie die Reben pflanzen, oben oder unten? Das macht einen Riesenunterschied! Als Faust-regel gilt: Je weiter oben die Trauben wachsen, umso mehr Säure werden sie voraussichtlich enthalten, denn mit der Höhe sinkt die durchschnittliche Temperatur.

Das ist wie beim Snowboarden: Je weiter nach oben in die Berge Sie kommen, desto mehr Schnee gibt es, weil es oben einfach kälter ist (mal ganz abgesehen davon, dass wir in Down Under schon einen sehr kalten Winter erwischen müssen, um überhaupt ein bisschen Schnee zu sehen). Darum, wieder als Gleichung: niedrigere Temperaturen = geringerer Zuckergehalt in den Trauben, also höhere Säure.

Fassen wir zusammen: Wir befinden uns in einer der geographischen Zonen, in denen Weinbau überhaupt möglich ist; wir haben ein gutes Klima für unsere Pflänzchen gefunden; vielleicht haben wir sogar die perfekte Lage ergattern können. Jetzt kommt es darauf an, den richtigen Boden zu finden, und das heißt, den schlechtesten Boden, den Sie nur irgendwo auftreiben können.

Boden. Kreide, Lehm, Kalkstein, Granit oder sogar Asche – der Boden hat einen enormen Einfluss auf die Gesundheit der Reben und in gewissem Maß auch auf den Geschmack des Weins. Manche Böden sind wasserdurchlässiger, andere haben vielleicht einen höheren Gehalt an Mineralien und Nährstoffen. Von all dem hängt die Versorgung der Reben mit Wasser ab, ihre Fähigkeit, Wärme zu speichern, und sogar ihre Widerstandsfähigkeit gegen Krankheiten. Nicht gerade wenig!

Wasser. Wie jede Pflanze braucht ein Weinstock Wasser zum Leben. Er darf aber nicht zu viel davon bekommen, da ihm ein gewisser »Wasserstress« gut tut. Die Wassermenge spielt also auch eine große Rolle für die Qualität der Trauben.

Wenn Reben mit zu viel Wasser verwöhnt werden, geben sie sich nicht mehr genug Mühe, gute Trauben hervorzubringen. Zu wenig Wasser, und sie gehen ein. Vielleicht müssen Sie über ein Bewässerungssystem nachdenken oder die Reben einfach gießen. Der Idealfall ist aber ein Grundwasservorkommen in der Nähe des Weinbergs, bis zu dem die Reben ihre Wurzeln ausstrecken können. Damit ist das Wasserproblem auch bei geringen Niederschlägen gelöst, und Sie können Ihre Zeit mit wichtigeren Dingen zubringen – z. B. noch mehr Wein verkosten!

13:00 | Philip, der Einkäufer

Drei bekannte Restaurants

**und ein bedeutender Weinhändler verlassen sich auf ihn:
kaum ein großer Wein, der nicht durch Philips Hände geht!**

Okay, jetzt können Sie die Stecklinge endlich
einpflanzen. Ich höre Sie erleichtert aufseuf-
zen, aber ich habe Sie ja gewarnt, dass es
nicht einfach wird! Nun müssen Sie noch
den Abstand zwischen den einzelnen Pflanzen festlegen und sich für ein »Erziehungs-
system« entscheiden – das ist die Methode,
mit der Reben durch geschicktes Beschnei-
den und Unterstützen in eine bestimmte
Form gebracht werden. So. Und was ist mit
Krankheiten? Hier gibt es drei Möglichkeiten vorzubeugen: konventionell (relativ einfach), ökologisch (schon schwieriger) oder
biologisch-dynamisch (richtig kompliziert).

Konventioneller Weinbau wird am
häufigsten betrieben, vor allem in stark
kommerziell ausgerichteten Weingütern. Die
Winzer streben nach größtmöglicher Kontrolle im Weinberg, und das beinhaltet auch

den Einsatz von Chemikalien nach Bedarf.
Sie möchten den maximalen Ertrag aus ihrer
Ernte herausholen.

Ökologisch. Öko ist »in«, im Weinbau
nicht weniger als sonst wo. Schon lange ist
die Bewegung nicht mehr auf Rauschebärte
im selbst gestrickten Pullover beschränkt,
und nicht nur die Verbraucher profitieren
von ihr. Auch viele Winzer sehen im Verzicht auf die chemische Keule eine Chance,
langfristig den Wert ihrer Weinberge zu
erhalten und bessere Trauben zu erzeugen.
Aber nicht alle lassen sich das amtlich be-
stätigen, da ihnen die damit verbundene
Bürokratie (und Politik) nicht behagt. Ihnen
genügt es, »mehr oder weniger ökologisch«
zu wirtschaften und im Notfall die Freiheit
zu haben, auch unökologische Maßnahmen
zu treffen.

Biologisch-dynamisch. Diese Anbaumethode hat mit »normalem« Ökoweinbau herzlich wenig zu tun. Biologisch-dynamisch wirtschaftende Winzer konzentrieren sich darauf, große Weine vor allem durch die Arbeit im Weinberg möglich zu machen – eine Arbeit, bei der kosmische Einflüsse wie der Mondzyklus eine große Rolle spielen. Als wichtiges Präparat zur Gesundheitsvorsorge verwendet man Quarzmehl, das durch langes Einrühren in Wasser »dynamisiert« wird. Für mich ist diese Methode so etwas wie Homöopathie für Weinberge: Viele glauben nicht daran, aber sie funktioniert.

Nebenbei: Eine Rebe hat etwa die gleiche Lebenserwartung wie ein Mensch. Manche werden 60 Jahre alt, einige sogar 100. Nachdem ein Reben-Baby in die Erde gepflanzt worden ist, vergehen fünf Jahre, bis die ersten brauchbaren Trauben wachsen – davor ist die Frucht noch zu »grün«, also zu sauer.

Mit dem Alter kommt die Reife: Je älter Reben werden, desto konzentrierter wird ihre Frucht. Dafür lässt der Ertrag nach, das heißt, alte Reben produzieren zwar Trauben von unglaublicher Konzentration, aber die Menge wird immer weniger. Grundsätzlich erkauft man im Weinbau höhere Qualität immer mit geringerer Quantität. Am Ende bringen die Reben-Greise gar keine Frucht mehr hervor. Dann werden sie gnadenlos herausgerissen und durch neue Pflanzen ersetzt.

Damit hätten wir die Hauptzutaten erledigt: Klima, Lage, Boden, Wasser und Anbauweise. Jetzt legen wir kurz die Füße hoch, gießen uns ein Gläschen ein (oder zwei) und überlegen, was als Nächstes kommt.

Jahreszeiten

Sehen wir uns doch mal an, was ein Weinberg im Lauf eines Jahres so alles erlebt. Jede Jahreszeit bringt etwas Neues, und immer kann das Wetter auch verrückt spielen. Alles wirkt sich auf die Qualität der Trauben aus, und damit auf den Geschmack des Weins.

Was ich immer wieder klasse finde, ist die Vorstellung, dass jede Flasche Wein die Quintessenz eines Jahres ist, das irgendwo auf dieser Welt stattgefunden hat – und keines verläuft wie das andere. Was ein Winzer wirklich draufhat, entscheidet sich daran, wie er mit diesem ständigen Wechsel zurechtkommt. Er muss – wie beim Schachspiel – dauernd reagieren, sich anpassen und versu-chen, die Launen der Natur vorherzusehen. Ein echter Könner bringt auch in schlechten Jahren großartige Weine zustande.

Ein Weinjahr ist wie eine Fußballsaison. Es gibt eine Vorbereitungszeit, im Weinberg ist das der Frühling. Dann, im Sommer, geht es richtig los, die Saison ist in vollem Gang, an allen Ecken und Enden wird gearbeitet. Am Ende des Sommers kommt es zum dramatischen Finale: der Weinlese. Und dann ist plötzlich alles vorbei. Die Teams fahren in den Urlaub und trinken eine Menge Bier, die Reben ziehen sich in den Winterschlaf zurück. Und kaum hat man ein bisschen ver-schnauft, beginnt alles nach drei oder vier Monaten wieder von vorne.

Frühling

Der Frühling ist eine tolle Jahreszeit! Endlich wieder Sonne, überall duftet's, sprießt's und tiriliert's, und man spürt, dass der Sommer schon in den Startlöchern steht. Auch im Weinberg beginnt eine aufregende Zeit. Jetzt entscheidet sich, was später in der Wachstumsperiode geschehen wird.

Der Austrieb der Knospen ist einer der faszinierendsten Momente – das Zeichen, dass die Reben aus ihrem Winterschlaf erwachen. An den scheinbar leblosen Stöcken zeigen sich plötzlich winzige grüne Knospen. Ob die sich aber im Endeffekt zu vollständigen Trieben mit eigenen Blättern, Ranken und Trauben ausbilden können, wird sich zeigen, denn auch im Frühling lauert noch eine Gefahr: Frost.

Frost zur Unzeit kann einen Weinberg völlig ruinieren. Am schlimmsten ist es, wenn das junge Grün gerade austreibt. Bei Minustemperaturen erfrieren die Knospen, werden braun und sterben ab.

Als Schutz gegen Fröste (die auch im Sommer oder Herbst vorkommen können) werden verschiedene Techniken eingesetzt. Das reicht von megateuren Hubschraubereinsätzen (die mit ihrem Rotor die kalte Luft am Boden wegblasen sollen) bis zu Heizöfen im Weinberg. Am verbreitetsten und praktischsten aber sind Sprinklersysteme, die die Reben mit Wasser besprengen, wenn es friert. Dabei bildet sich eine Eisschicht um die Knospe, die die kalte Luft am Eindringen hindert – eine Art Iglu für Reben!

Werkeln im Weinberg. Der Frühling ist auch die Zeit, in der es überall was herzurichten und zu reparieren gibt. Spaliere und Zäune z.B. müssen auf Vordermann gebracht werden. Jetzt pflanzt man auch neue Stecklinge und schneidet das Laub an alten Trieben zurück. Schließlich soll die Rebe ihre Energie nicht mit Blattwachstum vergeuden, sondern sich auf die Trauben konzentrieren.

Wenn der Frühling glücklich überstanden ist, geht es erst richtig los: Der Sommer kommt.

14:00 | Jan, der Manager im Weinberg

Der erste Fairtrade-Wein der Welt

stammte vom Thandi Estate in Südafrika. Jan Jaanson kümmert sich hier um die Trauben.

Sommer

Im Sommer geht es im Weinberg richtig rund.

Blüte. Ungefähr zehn Tage nach dem Austrieb der Knospen beginnen die Reben zu blühen. Nach der Befruchtung verwandeln sich die Blüten in Trauben aus noch kleinen und harten Beeren (»Fruchtansatz«). In diesem Stadium sprühen viele Winzer vorsorglich Pestizide und Fungizide, um die Frucht in den kritischen 100 Tagen der Reifung vor Krankheiten und Schädlingen zu schützen.

Véraison. Der französische Ausdruck bezeichnet den Moment – etwa 70 Tage nach der Blüte –, wenn die Weinbeeren in ihr eigentliches Reifestadium eintreten und Farbe annehmen.

Reife. Wann sind die Trauben reif für die Lese? Es gibt ein kleines Gerät, das Zucker- und Säuregehalt testen kann. Aber die älteste Art der »Reifeprüfung« ist immer noch die beste: Man probiert die Beeren. Alte Hasen im Weinberg achten dabei auf die so genannte physiologische Reife der gesamten Traube: Auch die Stiele, Beerenhäute und Kerne müssen reif sein. Wenn der Zuckergehalt der Trauben zu hoch ist – was bei großer Hitze schnell passieren kann –, werden die Weine zu alkoholstark. Umgekehrt ergeben unreife Trauben in nassen, kühlen Jahren oft dünne und saure Weine.

Die Lese am Ende des Sommers ist für Winzer ein Thriller. All die herrlich reife Frucht an den Weinstöcken – das ist ihr Jahreseinkommen, und ein Hagelsturm kann es in Minuten vernichten.

Heutzutage werden Trauben meist maschinell geerntet. Maschinen jammern nicht über die Hitze, machen keine Kaffeepause und rechnen nicht nach Stunden ab. Aber auch die Lese von Hand hat viel für sich: Wenn Ernteteams in zwei oder sogar drei Durchgängen die Trauben »lesen«, dann können sie sie auch gleichzeitig »auslesen« – nämlich darauf achten, dass nur gute und vollreife Früchte in den Korb wandern. Maschinen verursachen auch mehr Schäden am Erntegut und kommen nicht überall hin. Sobald die Trauben gepflückt sind, müssen sie so schnell und so vorsichtig wie möglich in die Kellerei gebracht werden. Wenn sie zu lange mit dem Sauerstoff der Luft in Berührung kommen, oxidieren sie und verderben.

Herbst

In der Kellerei ist jetzt der Bär los. Genüsslich zurücklehnen dürfen sich aber endlich die Erntehelfer, die einen knallharten Job gemacht haben. Die Tage waren lang und meistens auch ziemlich heiß. Du pflückst und pflückst und denkst die ganze Zeit nur daran, im Schatten eines Baumes zu sitzen und ein kühles Bierchen zu zischen. Dann schneidest du dich aus Versehen, richtest dich auf und spürst, wie dein Rücken schmerzt. Der Tag ist noch nicht einmal halb um, und es liegen noch drei Wochen Weinlese vor dir! Aber dann ist alles vorbei, und es ist Zeit für eine Riesenfete!

Im Spätherbst färben sich die Blätter der Reben und beginnen, nach und nach abzufallen. In dieser Zeit sind die Weinberge am schönsten – Reihe um Reihe glühen sie in leuchtendem Gelb, Orange und Rot. Die Luft wird kühler, und langsam fängt es an, nach Winter zu riechen.

Winter

Es ist kalt geworden. Der Himmel ist grau, alle Blätter sind abgefallen. Der Winter ist die ruhigste Zeit im Weinberg. Die Reben haben sich in ihren Winterschlaf zurückgezogen, viele Winzer sind im Urlaub.

Rebschnitt. Nur eine wichtige Arbeit findet im Winter statt. Um Platz für neue Triebe im nächsten Frühling zu machen, werden die Reben zurückgeschnitten. Das ist ein Job für Leute, denen peitschender Regen und eiskalter Wind nichts ausmachen. Schließlich muss dem Weinberg ein neuer Haarschnitt verpasst werden!

Ansonsten ist draußen nicht mehr viel los. Aber gleich nebenan blubbert und gluckert es hinter verschlossenen Türen. In der Kellerei herrscht Hochbetrieb ...

Die Ernte ist vorbei, und es ist **Zeit zum Feiern!**

erzeugung
Wie Wein gemacht wird

WEIN WIRD IN KELLEREIEN GEMACHT. Es gibt große und kleine, alte und staubige, aber auch nagelneue und blitzsaubere. Egal, wie sie aussehen: Ich liebe Kellereien! Schon als Kind bin ich für mein Leben gern mitgefahren, wenn Mum und Dad welche besucht haben. Natürlich habe ich nicht probiert, aber ich war völlig verzaubert von dem Geruch nach Gärung und Holz und dem Anblick der endlosen Reihen von Fässern oder riesigen Edelstahltanks, von denen jeder einen kleinen Ozean zu enthalten schien. Wer je in einer Kellerei gewesen ist, weiß, was ich meine.

Schauen wir schnell noch mal, wo wir stehen geblieben waren: Die Trauben werden gelesen, sobald sie reif sind (ziemlich kurze Zusammenfassung des letzten Kapitels, was?), und subito in die Kellerei gebracht. Traubensaft in Wein zu verwandeln ist ganz einfach. Köstliche, große Weine zu bereiten ist dagegen eine Kunst, die nicht jeder beherrscht.

Stellen Sie sich die Kellerei als eine Art Säuglingsstation für Wein vor. Der Kellermeister wäre dann eine Mischung aus Kinderarzt und Säuglingsschwester: Er hat darauf zu achten, dass es dem neuen Wesen bei all dem, was jetzt mit ihm passiert, wohl ergeht. Das Können eines Kellermeisters zeigt sich darin, dass er nicht zu viel an der Frucht herumpfuscht. Sie soll schließlich danach schmecken, woher sie kommt. Klingt logisch? Ist aber richtig schwer! Man muss echt was können und eine Riesenmenge Erfahrung haben, um das »Terroir« (haben wir auf S. 87 kennen gelernt) im Wein zu erhalten – nämlich die besonderen Eigenschaften eines Weinbergs, die sich den Trauben aufgeprägt haben.

Keine Regel ohne Ausnahme. Nicht jeder Wein besitzt diese regionale Identität, und das ist auch okay so. Massenweine werden oft aus Traubengut verschiedener Regionen oder sogar Länder zusammengemischt. Und wer da die Nase rümpft, sollte bedenken, dass die Weinindustrie andauernd einen großen Bedarf an preisgünstigem Wein zu decken hat. Solange er gut gemacht ist, gibt es meiner Meinung nach daran nichts auszusetzen.

In der Kellerei

Wenn die Trauben in der Kellerei eingetroffen sind, kann der Kellermeister viele verschiedene Wege gehen, je nachdem, auf welchen Stil er aus ist und was seine persönlichen Vorlieben sind. Manche kühlen die Trauben, damit bestimmte Aromen nicht verloren gehen (unterschiedliche Gärtemperaturen helfen unterschiedlichen Aromen auf die Sprünge), andere sortieren als Erstes noch einmal schadhafte Weinbeeren aus.

Die Gärung ist die Grundlage von allem. Durch sie wird der Traubensaft in Wein verwandelt, unabhängig von Sorte, Farbe oder Stil. Das Prinzip der alkoholischen Gärung funktioniert immer auf dieselbe Weise, bei Wein genauso wie bei Bier oder Schnaps. Es beginnt mit einem Ausgangsprodukt (z.B. Traubensaft), das natürlichen Zucker enthält.

Hefe wird nun hinzugefügt, falls sie nicht schon natürlich vorhanden ist. Hefen sind Mikroorganismen und gleichzeitig echte Verdauungskünstler: Ihr einziger Lebensinhalt besteht darin, den ganzen Zucker aufzufressen, als Alkohol wieder auszuscheiden und sich dabei zu vermehren. Als Nebenprodukt entsteht Kohlendioxid, deswegen blubbert es bei der Gärung unaufhörlich. Wenn eine reife Traube etwa zwölf Prozent Fruchtzucker enthält, dann sind nach der Gärung zwölf Prozent Alkohol im Saft – nur ist er dann schon zu Wein geworden.

Es gibt zwei unterschiedliche Typen von Hefen: Kulturhefen und wilde Hefen. Kulturhefe (auch Reinzuchthefe genannt) kann man als Pulver kaufen und einfach in den Traubensaft schütten – ein bisschen wie Tütensuppe. Sofort beginnt es zu gären, gärt weiter und – erraten! – hört schließlich auf zu gären. Wie es auf der Tüte versprochen wurde. Kulturhefen gestatten die größtmögliche Kontrolle über die Gärung und eine ziemlich problemlose Weinbereitung. Es besteht praktisch keine Gefahr, dass die Gärung auf halbem Weg »stecken bleibt«. Dieser Hefetyp ist vor allem für die industrielle Produktion von großen Weinmengen wichtig.

Wilde Hefen kommen, wie der Name schon sagt, wild in der Natur vor. Es gibt unzählige verschiedene Arten, die immer wieder mutieren, und sie verhalten sich keineswegs jederzeit so, wie sie sollen. Der Kellermeister schüttet sie nicht in den Traubensaft hinein, sondern wartet darauf, dass sie von selbst kommen – denn Hefe wird von Zucker in jeder Form angezogen. Aber dann muss der Kellermeister hoffen (und beten), dass sie sich gut benimmt.

Wildhefen sind dafür berüchtigt, dass sie mitten im Gärungsprozess »stecken bleiben«, also einfach aufhören zu kauen und zu verdauen. Ein Albtraum für den Kellermeister, dem er nur mit einer Rund-um-die-Uhr-Überwachung begegnen kann. Trotzdem sind Wildhefen sehr begehrt, weil sie dem Wein eine eigene Note verleihen – Kulturhefe ist dazu niemals in der Lage.

In welchen Schritten die Weinbereitung im Einzelnen abläuft, hängt von der Farbe und vom Stil ab. Auf den nächsten Seiten gehe ich näher darauf ein, wie Weißwein, Rotwein, Schaumwein, Süßwein und gespriteter (mit Alkohol verstärkter) Wein gemacht werden.

Weißwein

Weißweintrauben werden fast immer zuerst gemahlen und ihre Stiele entfernt (»entrappt«). Das geschieht mit einer Maschine, die die Trauben zerquetscht und die Stiele beseitigt. Die sind unerwünscht, weil sie (genau wie die Schalen und Kerne, die später auch herauskommen) herbe, bittere Tannine enthalten. Für Rotwein ist das in Ordnung, in Weißwein hat Tannin normalerweise nichts zu suchen.

Schwefel. Damit die Gärung nicht zu früh einsetzt, vor allem aber, um eine Oxidation (das Braunwerden) der Traubenmasse zu verhindern, fügt man nun sehr oft Schwefeldioxid hinzu. Da Allergien gegen SO_2 recht häufig sind, werden zwar auch vermehrt ungeschwefelte Weine angeboten, sie haben aber meist nur eine kurze Lebensdauer und müssen bald getrunken werden.

Die Presse. Nun presst man aus den zerquetschten Trauben den Saft ab. In modernen Weinpressen, riesigen Maschinen, wird dazu ein Ballon langsam, aber nonstop aufgepresst, der die Trauben auspresst. Der Saft – ab jetzt heißt er Most – läuft durch kleine Öffnungen in der Wand ab; Schalen, Kerne und der ganze Rest (der Trester) bleiben in der Presse zurück.

Bei den Weinpressen hat die technische Entwicklung eindeutig mitgeholfen, die Weine besser zu machen, besonders die Weißen. Die traditionelle Kelter funktioniert zwar nach dem gleichen Prinzip, ist aber viel gröber: Die Trauben werden in einen aus Holzdauben bestehenden zylindrischen Korb gefüllt. Zum Pressen kurbelt man den Deckel herunter; der Most läuft zwischen den Brettern heraus.

Solche Korbpressen sind auch heute noch im Einsatz – sie sind prima für stramme Rotweine, die kräftig Farbe und Tannin brauchen können, was sie durch das starke Pressen aus den Schalen und Kernen auch bekommen. Für Weißwein, bei dem man nur den Most haben möchte, sind sie nicht gerade das Gelbe vom Ei.

Der frisch gepresste Most wird nun vorsichtig (er mag es nicht, wenn man ihn zu heftig rumschubst) in einen Edelstahltank gepumpt. Dort lässt man ihn eine Weile ruhen, damit sich alle festen Teilchen, die noch drin sind (die so genannten Schwebstoffe), am Boden absetzen. Anschließend wird er zum Gären in einen anderen Tank (für Weine ohne Eichenholznote) oder in ein Fass (mit Holznote) umgefüllt. Die richtige Hefe kommt hinein (auf welche Weise auch immer), und dann gärt er zwischen drei und 30 Tagen.

Weißweine ohne Holznote

Sobald die Gärung abgschlossen ist, wird der junge Wein »abgestochen«, das heißt mit einem Schlauch aus dem Tank nach oben abgezogen. Die toten Hefezellen (sie gehen ein, entweder weil aller Zucker verbraucht ist, oder weil sie sich mit ihrem eigenen Ausscheidungsprodukt, dem Alkohol, vergiftet haben) bleiben als Bodensatz zurück.

Aromatische Sorten wie Riesling und Gewürztraminer werden eigentlich immer in Edelstahltanks vergoren und gelagert, bis man sie filtert und auf Flaschen zieht. Nur in Europa kommt es noch oft vor, dass diese Weine in großen Holzfässern lagern. Wenn man da aber mal hineinguckt, sieht man, dass die Fässer auf der Innenseite völlig mit Weinstein überzogen sind (ein kristallines Salz der Weinsäure, die in den Trauben enthalten ist). Dieser Überzug, der sich im Lauf der Jahre dort abgelagert hat, wirkt als vollkommener Schutz gegen jegliche Holzeinwirkung auf den Wein. Diese Fässer sind nichts anderes als stinknormale Behälter. Man nimmt sie, weil sie halt noch rumstehen.

Sauvignon blanc wird normalerweise ebenfalls ohne Holznote hergestellt (Ausnahmen gibt es in Frankreich an der Loire und in den USA). In Australien, vor allem im Westen, produziert man Verschnitte von Sauvignon blanc und Semillon, die ganz oder nur mit ihrem Semillon-Anteil einige Zeit im Fass verbracht haben. Apropos Semillon: Probieren Sie unbedingt die herrlichen alten Weine aus dem australischen Hunter Valley!

Klassischerweise macht man diese Weine, ohne dass sie auch nur mit einem Schnipsel Eiche in Berührung kommen. Trotzdem nehmen sie nach längerer Zeit in der Flasche schöne, nussige Toastnoten an, die man eigentlich vom Holzeinfluss kennt.

Chardonnay kann mal wieder alles. Überall auf der Welt liebt man die holzlose Variante als leckeren, preiswerten Tropfen. Die wirklichen Spitzenweine verbringen aber fast alle einige Zeit im Eichenfass. Und wie immer gibt es Ausnahmen: Im französischen Chablis beherrscht man die Kunst, komplexe, mineralische, super langlebige Weine völlig ohne Eiche herzustellen, bis zur Perfektion. Der alte Kreideboden der Gegend verlangt eine einfache Weinbereitung ohne jeden störenden Eingriff, die sich dem kristallklaren regionalen Charakter vollständig unterordnet.

Der Hauptvorteil beim Verzicht auf die Holznote ist, neben der Kostenersparnis, dass nach der Gärung nicht mehr viel zu tun ist und der Wein schnell auf den Markt kommen kann.

Weißweine mit Holznote

Manchen »schwereren« Weißweinsorten tut ein Aufenthalt im Eichenfass gut. Die Holznote kann Vielschichtigkeit und Struktur in einen Wein bringen, der sonst vielleicht nur simpel und eindimensional wäre, ohne Rückgrat und Alterungsfähigkeit.

Weine mit Holznote füllt man entweder nach einem Start im Stahltank erst zum Ende der Gärung in Eichenfässer um. Oder man lässt dort die »malolaktische Gärung« ablaufen. (Sprechen Sie diesen Ausdruck mit ein paar Gläsern Wein intus dreimal hintereinander schnell aus! Erklärung folgt.) Und schließlich gibt es Weine, die von Anfang bis Ende in Holz gären, das nennt man Fassgärung.

»Malolaktisch«? Eine Galaxis am anderen Ende des Universums? Null Punkte! Die ma-

lolaktische Gärung ist ein chemischer Vorgang im Wein, bei dem sich die scharfe Apfelsäure in die mildere Milchsäure umwandelt. Landläufig sagt man auch »Zweitgärung«, wissenschaftlich korrekt ist aber »biologischer Säureabbau« (BSA), da er mit der eigentlichen Gärung nichts zu tun hat. Er mildert nicht nur den Säureeindruck des Weins, sondern verleiht ihm auch eine charakteristische cremige, buttrige Note. In Rotweinen findet die malolaktische Gärung immer statt, in Weißen muss man sie in Gang bringen. Sie eignet sich aber nur für Sorten wie Chardonnay oder Sémillon, wo eine Reduzierung der zu scharfen Säure und ein Duft nach Karamell und Sahne erwünscht sind.

Weißweine mit Eichennote können zwischen sechs und zwölf Monaten im Fass liegen, bevor sie zum Filtern in den Tank kommen.

Sechs bis zwölf Monate
können Weißweine
mit Eichennote im Fass liegen

Filtern und Schönen. Bevor der Wein in die Flasche kommt, wird er auf Hochglanz poliert, man sagt »geklärt«. Bei der traditionellsten Methode, dem Schönen, gibt man frisch aufgeschlagenes Eiweiß in den Wein. Es sinkt langsam auf den Grund und nimmt dabei wie ein feines Netz alle noch herumschwebenden Trubstoffe (meistens tote Hefezellen) mit. Bei der industriellen Großproduktion dagegen wird der Wein durch Membranfilter geleitet – stellen Sie sich riesige Siebe vor, die aus mehreren fein perforierten Schichten bestehen. Einige Kellermeister lehnen das Filtern strikt ab, weil es ihrer Meinung nach dem Wein zu viel von seinem Charakter raubt.

Wenn der Wein geklärt ist, zieht man ihn auf Flaschen und verschließt sie. Nun kann er verkauft und, wichtiger noch, sofort getrunken werden. Aber da wir gerade von Fla-

schenverschlüssen reden: Vielleicht haben Sie ja die heftige Debatte über Korken und Schraubverschlüsse, die seit ein paar Jahren tobt, am Rande mitbekommen?

Korken. Man geht derzeit davon aus, dass fünf bis sieben Prozent aller in Flaschen abgefüllter Weine durch eine Substanz namens TCA (2,4,6-Trichloranisol) verdorben sind, die bei Schimmelpilzbefall im Korken entstehen kann – eine Horrorvorstellung für jeden Kellermeister. Wenn Ihr Wein muffig, nach nasser Pappe oder schimmeliger Tapete riecht oder schmeckt, dann können Sie davon ausgehen, dass er »korkelt«. Die Korkenindustrie behauptet zwar, die Sache inzwischen im Griff zu haben, aber wenn man sich diese Zahlen ansieht, dann kann das nicht so ganz stimmen. Naturkorken schließen auch manchmal nicht dicht, dann oxidiert der Wein und ist normalerweise ebenfalls hinüber.

Plastikkorken sind eine Alternative, haben aber auch ihre Schwächen. TCA ist hier zwar kein Thema, aber Undichtigkeit und Oxidation kommen schon vor. Richtig ätzend wird es, wenn sie sich nicht herausziehen lassen, und glauben Sie mir, das kommt vor. Sie sitzen vor dem leeren Glas und kriegen die Flasche nicht auf. Toll!

Schraubverschlüsse. Also sucht man immer noch händeringend nach dem perfekten Verschluss – und ist jetzt auf den Schraubverschluss gestoßen. Romantisch sind die Dinger nicht gerade, aber sie gewährleisten immerhin, dass der Wein so schmeckt, wie der Kellermeister es haben wollte. Ich finde Schraubverschlüsse in Ordnung. Sie zwingen die Weinerzeuger sogar, bessere Weine zu machen. Ob Sie ihn mögen oder nicht, der Schraubverschluss wird uns sicher noch eine Weile begleiten.

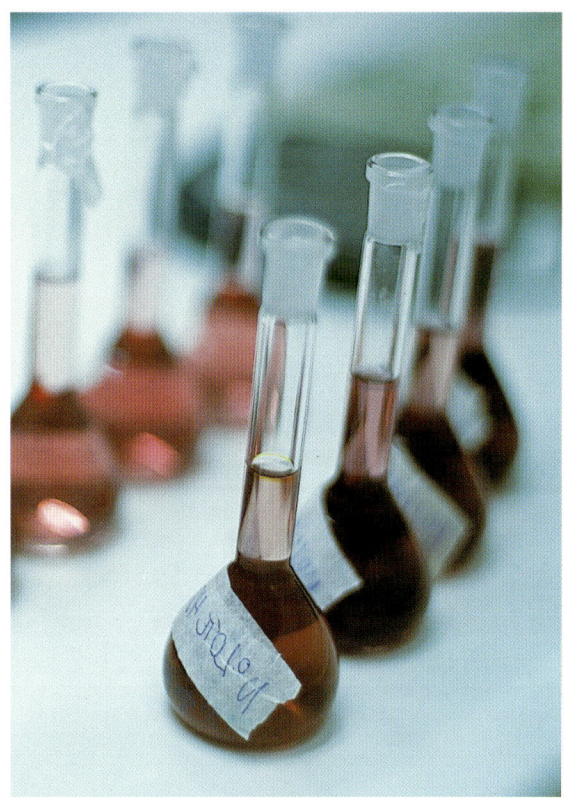

Und was ist mit Rosé?

Rosé ist ein Zwitter mit einem Fuß in jedem Lager: ein Rotwein, der wie ein Weißwein gemacht wird. Am Anfang läuft alles genauso ab wie bei der Weißweinbereitung, bis zu dem Punkt, an dem die Schalen in den Most geworfen werden. Die Schalen? Jawohl, die Schalen!

Zerdrücken Sie eine rote Weintraube mit der Hand, und Sie werden sehen, dass ihr Saft farblos ist. Rotwein bekommt seine Farbe aus den Traubenschalen, und bei Rosé ist das genauso – nur dauert da der Kontakt des Mosts mit den Schalen viel kürzer. Also wird auch entsprechend weniger Farbe (und nur eine Winzigkeit Tannin) herausgelöst.

Das ist die normale Methode, Rosé zu machen. Es gibt aber auch Fälle, in denen Rot- und Weißwein gemischt werden. Der württembergische Schillerwein ist so eine Spezialität.

Rosé ist ein Rotwein, der wie ein Weißwein gemacht wird

Rotwein

Der Hauptunterschied bei der Herstellung von Rot- und Weißwein ist, dass beim Rotwein die Schalen mitgären. Sie geben dem Wein nicht nur die Farbe, sondern auch Struktur und ein bisschen eigenen Geschmack mit (Letzteres gilt auch für Kerne und Stiele).

Wie beim Weißwein werden auch Rotweintrauben als Erstes gemahlen und entstielt. Nur in Ausnahmefällen lässt man die Stiele mitgären, weil der Wein sonst bitter wird und einem buchstäblich den Mund zusammenzieht. Bei Pinot noir geben die Kellermeister schon mal ein paar Stiele mit dazu, um eine zusätzliche Geschmacksnote zu erhalten – aber nur, wenn sie reif genug und verholzt sind.

Farbe und Geschmack. Die Mischung aus Traubensaft und Schalen, die so genannte Maische, kommt in einen offenen Gärbehälter, der aus Holz, Edelstahl oder Zement bestehen kann. Wenn die Gärung begonnen hat, drückt das Kohlendioxid (es entsteht als Nebenprodukt bei der Gärung, Sie erinnern sich) die Schalen an die Oberfläche. Der gärende Wein bekommt einen »Hut« – und das ist auch der Fachbegriff dafür. Damit aber die in den Schalen enthaltenen Farb- und Geschmacksstoffe in den Wein gelangen können, muss dieser Hut immer wieder unter den Most gemischt werden

»Aber wie?« fragen Sie. Bitte umblättern.

Den Hut untertauchen

In der guten alten Zeit sind die Arbeiter nackt in den Gärbottich gesprungen und haben den Hut mit ihren Füßen nach unten gestampft. Das war nicht nur schwere Schufterei, sondern sogar lebensgefährlich – nicht, weil sie ertrinken konnten, sondern wegen der hohen Konzentration an Kohlendioxid, das sich bei der Gärung entwickelt. Sie können aber aufatmen – diese Methode ist überall von der Bildfläche verschwunden.

Pigeage. Mit diesem französischen Ausdruck meint man nichts anderes, als dass der Hut mit langen Stangen von außen untergetaucht wird. Kein Kamikazeunternehmen mehr, aber nicht weniger anstrengend.

Umpumpen ist inzwischen die verbreitetste Methode geworden. Alles, was man braucht, sind ein paar Schläuche und eine Pumpe – klingt einfach, oder? Der Most wird durch einen Schlauch von der Pumpe angesogen, sprudelt durch den zweiten über den Hut und »wässert« ihn dabei. Während der Most durch die Schicht aus Schalen rinnt, zieht er all die Farbe und Tannine heraus, die er braucht. Dass der Hut dabei ständig feucht gehalten wird, ist ganz wichtig, sonst kann der Wein in Essig umschlagen.

Rotofermenter. In größeren Kellereien hat längst High-Tech Einzug gehalten. Rotofermenter sind rotierende horizontale Gärbehälter, in denen Hut und Most permanent durchmischt werden. So wird die maximale Menge an Farbe und Tannin rausgeholt – eine Küchenmaschine für den Kellermeister!

Welche Methode man auch anwendet, sie muss – je nachdem welcher Grad an Extraktion gewünscht wird – bis zum Ende der Gärung mehrmals am Tag durchgeführt werden.

15:00 | Liberty Wines, das Verkaufsteam

Tausenden Restau- rants in London

den Wein zu verkaufen ist ein Knochenjob. Aber dafür ist am Ende eines Tages fast immer noch was zu trinken da!

Eichenholz spielt eine wichtige Rolle
als Strukturgeber für Rotwein

Noch mal fest drücken

Nach der Gärung ist es mit der innigen Verbindung von Schalen und Saft vorbei. Nur der »reine« Rotwein wird in Tanks oder Fässer umgefüllt. Die festen Bestandteile, die am Boden des Gärbehälters zurückbleiben (ganze Trauben, Schalen, Kerne), werden dann noch einmal gepresst, um auch den letzten Tropfen aus ihnen herauszuquetschen.

Diesem letzten Saft quellen Farbe und Tannin nur so aus den Ohren. Er kann zum Verschneiden sehr wertvoll sein, für sich allein ist er aber definitiv ungenießbar.

Die meisten Rotweine liegen anschließend sechs Monate bis zwei Jahre in Eichenfässern – Größe, Bauart und Alter können ganz unterschiedlich sein.

Warum ausgerechnet Eiche?

Schon seit Ewigkeiten verwendet man in der Weinproduktion Eichenholz, nicht nur wegen seiner Geschmackseigenschaften, sondern weil sich einfach astreine wasserdichte Behälter daraus bauen lassen.

Fässer sind nicht nur zur Lagerung gut, sondern auch als Transportmittel für Wein. Sogar wenn sie voll sind, kann man sie mit nicht allzu großer Kraftanstengung noch rollen. Das meiste heutzutage verwendete Fassholz kommt entweder aus Frankreich oder den USA, in kleinerem Umfang auch aus Slowenien, Südamerika und Australien. Alle unterscheiden sich in ihren spezifischen Eigenschaften – den größen Einfluss darauf, wie ein Holz wirkt, hat aber der Küfer.

Der Küfer holt sein Holz selbst aus dem Wald, spaltet oder sägt es zu Fassdauben, trocknet diese und formt dann daraus mithilfe von Feuer oder Dampf das Fass. Man kann Eichenholz eine ganze Reihe von Geschmacksnoten mitgeben, bevor man das Fass zusammenbaut, und dadurch auch den Wein stark beeinflussen. Neues Holz schmeckt am intensivsten, daher bevorzugen viele Erzeuger ältere Fässer, um den eigenen Charakter ihres Weins nicht völlig von der Eiche überdecken zu lassen. Als Strukturgeber spielt Eiche eine wichtige Rolle für Rotwein, da es Tannin enthält. Diese Holztannine sind zwar etwas rauer als die aus den Traubenschalen, aber um die Farbe und die allgemeine Tanninstruktur zu stabilisieren, sind sie sehr wichtig. Eichenholz ist nur leider ziemlich teuer – in der Jahreskalkulation vieler Kellereien stellt es den größten Posten dar.

Eichenspäne. Um Geld zu sparen, aber trotzdem ihrem Wein eine Eichenholznote zu geben, verwenden einige Kellermeister Eichenspäne. Dazu wird eine Art riesiger Teebeutel mit dem klein geschnipselten Holz von alten Eichenfässern in den Tank gehängt. Der gewünschte Effekt tritt dann auch relativ schnell ein.

Das Finale. Nach der Reifezeit im Fass wird der Wein wieder in den Tank umgefüllt. Oft wird er vor dem Filtern noch einmal abgestochen, also vorsichtig umgefüllt, um den Bodensatz loszuwerden.

Schließlich wird er wie Weißwein gefiltert und in Flaschen abgefüllt. Meistens muss er jetzt noch einmal eine bestimmte Zeit (irgendwas zwischen drei und zwölf Monaten) zur Flaschenreifung in der Kellerei bleiben. Erst dann wird er freigegeben und kommt auf den Markt.

Abfüllanlagen gibt es wie Kellereien in allen Arten und Größen. Erzeuger, die sich die Kosten einer eigenen Anlage nicht leisten können, lassen mobile, auf Lastwagen montierte Abfüllanlagen kommen, die darauf spezialisiert sind, kleinere Mengen zu verarbeiten.

Schaumwein

Hand hoch bitte, wer von Ihnen Schaumwein mag! Alle also. Gut! Ein Wein, der in einem geschlossenen Behältnis (Flasche!) einen auf gelöstes Kohlendioxid (Bläschen!) zurückzuführenden Überdruck von mindestens 3 bar aufweist, ist, so die offizielle Definition, ein Schaumwein. So weit, so gut. Aber wie kommen die Bläschen in die Flasche?

Sekt und Champagner werden meist aus Chardonnay, Pinot noir und Pinot Meunier gemacht, in Deutschland auch aus Riesling und Weißburgunder. Sekt und Schaumwein bedeuten im deutschen Sprachgebrauch dasselbe; als Deutscher Sekt etikettierter Schaumwein muss aber von in Deutschland gewachsenen Trauben stammen. Champagner dürfen dagegen nur die Schaumweine genannt werden, die tatsächlich aus der französischen Region Champagne stammen – das haben sich die dortigen Winzer gesetzlich garantieren lassen.

In jedem Fall braucht man zur Schaumweinherstellung erst einmal einen »Grundwein«. Grundweine sind nicht zum Trinken da, dazu sind sie viel zu sauer, und zwar absichtlich. Dann müssen die Bläschen rein, und hierfür gibt es verschiedene Methoden.

So kommen die Bläschen in den Wein

Karbonisierung ist die billigste Methode. Es geht wie beim Aufsprudeln von Limo oder Mineralwasser: Man pumpt einfach Kohlensäure (bzw. Kohlendioxid, das ist dasselbe) in den vollen Weintank. Abgefüllt wird dann unter Druck, damit das Gas nicht flöten geht. So wird billiger Schampus gemacht.

Tankgärung. Dieses auch »Charmat-Methode« genannte Verfahren wendet man an, um Schaumweine der unteren und mittleren Preislage in großen Mengen herzustellen. Dem Grundwein wird Zucker und Hefe beigemischt, so dass eine Zweitgärung stattfindet – und zwar in einem Drucktank, damit das Kohlendioxid nicht raus kann. Nach der Gärung wird der Wein geklärt, wenn nötig gesüßt oder verschnitten, und (wieder unter Druck) auf Flaschen gezogen.

Méthode champenoise. Für hochwertige Weine wird die Flaschengärung verwendet, die aufwendigste Technik. »Méthode champenoise« darf sie aber nur beim Champagner heißen, anderswo muss man sich mit »Metodo classico« (oder so) behelfen. Sie geht so: Die erste Gärung (also die des Grundweins) findet entweder in großen Edelstahlbehältern mit Temperaturregelung statt oder (seltener) in kleinen

Eichenfässern. Anschließend durchlaufen alle Weine die malolaktische Gärung. (Wissen Sie noch? Sonst auf S. 109 nachlesen.) Der Kellermeister stellt nun aus Hunderten verschiedenen Grundweinen seinen Spezialverschnitt (die »Cuvée«) zusammen. Diese Puzzle-Teile können nicht nur von unterschiedlichen Traubensorten stammen, sondern auch aus verschiedenen Jahrgängen. Zusammen mit der so genannten Fülldosage (»liqueur de tirage«), einer Mixtur aus Wein, Zucker und Hefe, kommt der Wein nun in eine Flasche, die mit einem Kronenkorken verschlossen wird. In ihr findet die Zweitgärung statt.

Viele Geschmacksnuancen in gutem Schaumwein stammen aus dem Kontakt mit dem Hefesatz, also den abgestorbenen Hefezellen, die sich teilweise auflösen (»Autolyse«). Noten von Toast, Brioches und Vegemite sind typisch für die Lagerung auf dem Hefesatz. (Sie kennen Vegemite nicht? Spricht sich *wedschimeit* und

stammt aus Australien!) Damit der Champagner beim Verkauf glänzen kann, muss der Hefesatz aber entfernt werden. Dazu gibt es eine spezielle Technik, das »Rütteln«: Man legt die Flaschen leicht kopfüber in Holzgestelle und dreht sie täglich ein Stückchen. Gleichzeitig werden sie immer steiler gekippt, bis sie schließlich fast senkrecht stehen – auf dem Kopf! Dadurch wird aller Bodensatz in den Flaschenhals befördert. Schließlich wird der Flaschenhals mit allem, was darin ist, in einer Gefrierlösung vereist.

Der nächste Schritt ist das »Degorgieren« (nein, niemandem wird die Gurgel durchgeschnitten). Die Flaschen werden geöffnet, und der Druck treibt den gefrorenen Bodensatz heraus. Man füllt sie dann mit »liqueur d'expédition« wieder auf – etwas gesüßtem Wein, der auch den hohen Säuregehalt ausgleicht –, verkorkt sie, setzt den Drahtkorb auf ... und dann ist der Wein fertig!

Süßwein

Süße Weine – und ich rede hier nicht von aufgezuckerten billigen Tröpfchen – erinnern mich an Schlagzeuger: Sie sind technisch grandios, werden aber kaum beachtet. Die Lorbeeren ernten die anderen in der Band. Und so wie Schlagzeuger immer ganz hinten sitzen, findet man die Dessertweine in der Weinkarte auch immer erst ganz am Ende.

Nehmen Sie jetzt noch den Preis dazu, der wegen der heftigen Produktionskosten bei vielen Süßweinen echt gesalzen ist (guter Gag, was?) – und schon haben Sie den Grund, warum so viele Leute sie links liegen lassen. Aber stellen Sie sich andererseits mal eine Welt ohne John Bonham, Meg White oder meinetwegen Ringo Starr vor! Grusel ...

Süßwein kann man auf verschiedene Weise herstellen. Es ist meist ein kostspieliger Prozess, da im Wesentlichen der Zucker in den Trauben so stark wie möglich konzentriert werden muss. Gleichzeitig soll ihr Wassergehalt auf ein Mindestmaß sinken. Die gebräuchlichsten Methoden sind folgende:

Blubberwasser. Süße Schaumweine sind zwar selten, aber ein gutes Beispiel, um die Vielfalt der Produktion zu zeigen. Das berühmteste Exemplar ist der Moscato d'Asti aus dem Nordwesten Italiens.

Moscato ist ein sanft perlender, unglaublich leichter Wein mit frischem Apfel- und Birnenaroma, der eiskalt getrunken wird. Er enthält nur gut fünf Prozent Alkohol – Sie bleiben also klar im Kopf, müssen sich um Ihre Linie keine Gedanken machen und können doppelt so viel trinken.

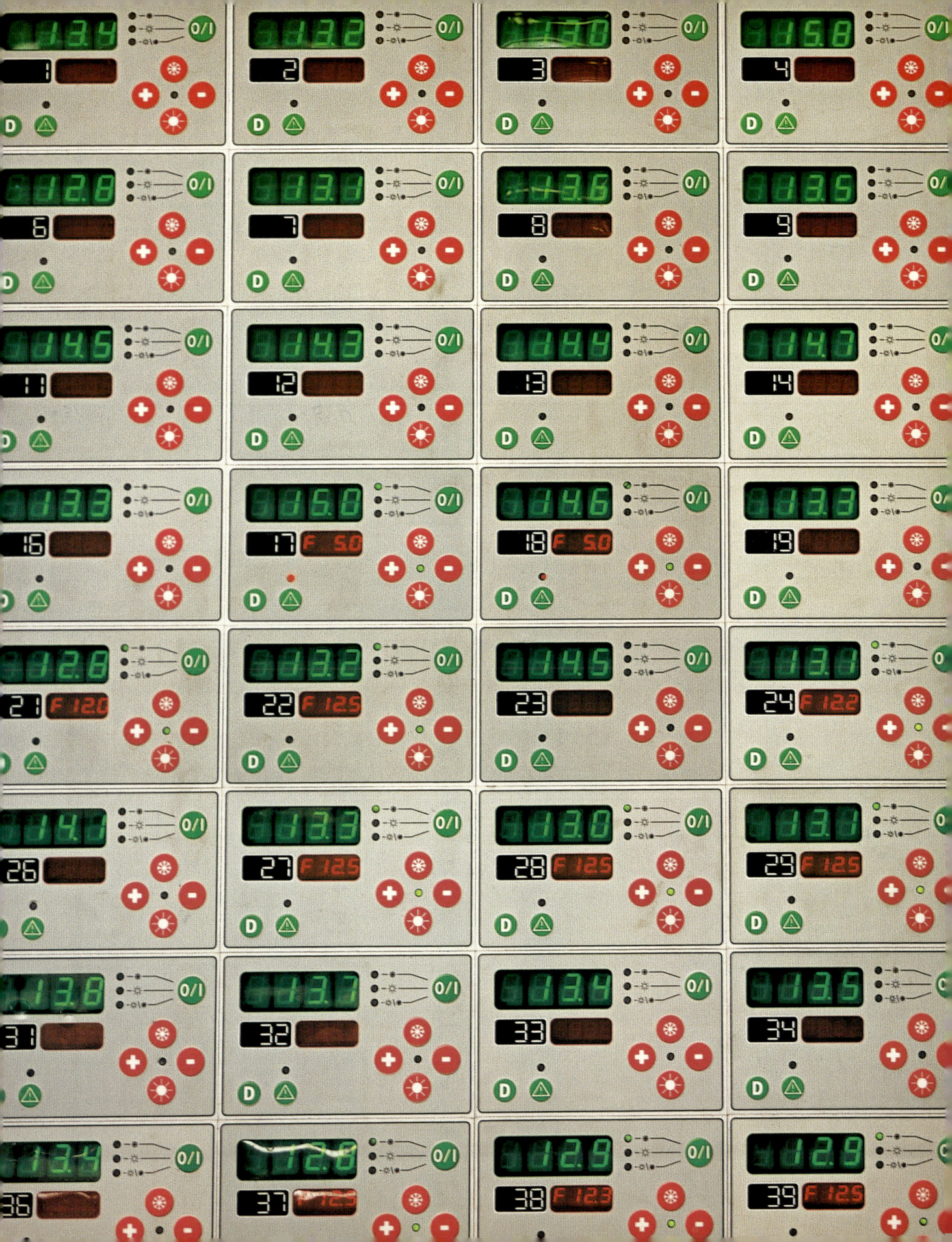

Moscato wird normalerweise mithilfe der Tankgärung produziert – die haben wir schon kennen gelernt, das ist die Methode für Schaumweine der Mittelklasse. Der Moscato-Most beginnt in einem riesigen geschlossenen Tank zu gären. Sobald eine Alkoholstärke von etwa fünf Prozent erreicht ist, wird der Tank schockgekühlt, um die Gärung zu stoppen. Da das entstandene Kohlendioxid nicht entweichen kann, löst es sich im Wein und lässt ihn leicht perlen.

Verfaulen sollen sie. Sie denken, nur faule Winzer lassen ihre Trauben verfaulen? Ganz falsch. Wer seine Ernte planvoll verschimmeln und verfaulen lassen will, kann sich auf harte Arbeit einstellen. Und er braucht Hilfe von einem Schimmelpilz namens *Botrytis cinerea*, der unter feuchten Wetterbedingungen mit geringem Luftaustausch den Trauben das Wasser entzieht und damit den Zuckergehalt konzentriert. Das ist die so genannte Edelfäule.

Edelfäule tritt aber nicht einfach so auf. Viele Winzer legen ihre Weinberge extra nah am Wasser in Lagen an, wo wenig Wind weht. Aber auch das reicht nicht immer aus, um den heiß begehrten Schimmel auf die Traube zu holen. Denn da treiben sich ja auch eine Menge anderer fauler Brüder herum, die so gar nicht edel sind!

Sauternes (der Wein heißt nach der Region, aus der er stammt) ist der Edelste unter den edel Verfaulten. Das Geheimnis dieses großartigsten Süßweins der Welt heißt: Auslese mit der Nagelschere.

Hier wird in den besten Weinbergen bei der Lese jede einzelne Weinbeere innerhalb einer Traube wieder und wieder überprüft, um sie erst bei perfekter Reife und idealem Fäulnisbefall zu pflücken. Beeren, die da nicht mithalten können, schneidet man mit der Nagelschere heraus. Ein Job für krasse Perfektionisten.

Der Produktionsprozess in der Kellerei ist dafür wieder einfach. Die Trauben werden gepresst und der Most ganz normal vergoren. Am Schluss steht noch eine lange Lagerung in neuen Eichenfässern.

Aufgehängt, vertrocknet. Süßweine
von an der Luft getrockneten Trauben – vor allem in Italien üblich – werden normalerweise nur in minimalen Mengen gemacht. Die Herstellung ist zeitaufwendig, schwierig und teuer. Die geernteten Trauben trocknen auf Gestellen in gut belüfteten Räumen. Die Luftzufuhr ist wichtig, da bei dieser Methode keine Form von Fäulnis erwünscht ist.

Die Räume müssen so trocken wie möglich gehalten werden. Man zündet sogar regelmäßig kleine Feuer an, um die Feuchtigkeit zu binden. Das ganze Verfahren verlangt eine Riesenmenge Erfahrung und Geduld.

Nach vielleicht drei Monaten kommen die Trauben in die Presse. Sie haben dann rund zwei Drittel ihrer Originalgröße verloren. Der frisch gepresste, ultrasüße Saft wird in kleine Holzfässer gefüllt, die dicht verschlossen werden.

Nun beginnt der Most zu gären – eine der kritischsten Phasen der ganzen Geschichte, da das Kohlendioxid nur langsam duch die Poren des Holzes entweichen kann. Wenn die Gasentwicklung im Fass zu heftig ist, kann es explodieren. Läuft aber alles nach Plan und hat man die rund drei Jahre Reifezeit im Fass auch noch überstanden, ist die Weinmenge um einiges geringer geworden – durch natürliche Verdunstung.

Jetzt frischt man ihn mit etwas neuerem Wein auf und füllt ihn schließlich in Flaschen ab. Knapp fünf Jahre nach der Lese der Trauben ist der Wein also endlich trinkreif und kommt auf den Markt!

Das Verfahren verlangt **eine Riesenmenge Erfahrung und Geduld**

16:00 | Raeleen, die Chefin des Kellereiverkaufs

Proben auschenken und Wein verkaufen

ist Raeleens Job in der Rockford Winery im australischen
Barossa Valley. Seit zwölf Jahren macht sie das schon.

Sprit mit Esprit. Mit Alkohol verstärkte (»gespritete«) Weine sind lange nicht mehr so populär, wie sie es noch vor 30 Jahren waren, aber langsam werden die Zeiten auch für sie wieder besser.

Portwein – oder einfach Port – stammt aus dem nördlichen Portugal (nomen est omen, hat meine gebildete Lektorin reingeschrieben), und zwar aus dem echt schönen Douro-Tal. Mehr als 80 Traubensorten sind hier für die Weinbereitung zugelassen.

Port wird zunächst wie normaler Rotwein vergoren. Doch bevor die Gärung zu Ende ist, unterbricht man sie durch die Zugabe von Weingeist (77 prozentigem Alkohol). Der Alkoholgehalt des Weins wird damit auf 18 Prozent angehoben. Das tötet die Hefezellen, und heraus kommt ein süßer Wein mit jeder Menge (E)Sprit.

In Australien stellt man gespriteten Wein (Port darf man nur sagen, wenn er aus Portugal kommt) vor allem aus der roten Sorte Shiraz her. In Südspanien verwendet man die weiße Pedro-Ximénez-Traube. Ihre sirupartigen, üppigen, verstärkten Weine werden aber so dunkel, dass sie auch »schwarzer Sherry« heißen. Etwas leichtere, duftige Weine aus der Muscat-Traube macht man auch in Spanien und im französischen Rhônetal.

Dass diese Weine im Moment so out sind, finde ich ziemlich daneben. Man hat einfach vergessen, wie toll sie zu allem Möglichen schmecken. Es gibt nichts Besseres als ein schönes großes Stück Blauschimmelkäse und dazu einen Port. Und die geistreichen Tropfen aus Spanien und Australien passen zu allem Süßen – von Nüssen über Plumpudding bis zu Schokolade.

landkarte

Wo alles stattfindet

GROSSARTIGER WEIN WIRD ÜBERALL AUF DER WELT GEMACHT. Mehr gibt's dazu eigentlich nicht zu sagen. Aber wir Weintrinker können manchmal echte Kleingeister sein. Da schmeckt uns ein Wein, und schon meinen wir, auf Nummer sicher gehen zu müssen, und trinken keinen anderen mehr. Oft blicken wir ja noch nicht mal mehr über den eigenen Tellerrand. Ein Weinerzeuger der Spitzenklasse dagegen muss einen weiteren Horizont haben. Er will wissen, wer (mit ähnlichen Rebsorten wie er selbst) sonst noch große Weine produziert – und vor allem, wie die das machen. Einen echten Könner erkennt man am Weitblick, und ich finde, wir Verbraucher sollten uns eine Scheibe davon abschneiden.

Wie wir im Kapitel »Anbau« schon besprochen haben, kann man unseren Globus grob in zwei große Anbauzonen aufteilen, und zwar jeweils nördlich und südlich des Äquators. Auf der Nordhalbkugel liegen Weinländer wie Italien, Frankreich, Deutschland, Spanien, Portugal und Nordamerika, in der südlichen Hemisphäre sind es Australien, Neuseeland, Südafrika und Südamerika.

Noch kurz ein anderer Gedanke, bevor es weitergeht: Eine der Gefahren der schönen großen globalisierten Weinwelt ist die Neigung zu immer stärkerer Gleichmacherei. Damit meine ich, dass der Charakter eines Weins zu sehr von der Kellertechnik bestimmt wird und zu wenig von seiner Herkunft. Verstehen Sie mich nicht falsch: Solange der Wein gut schmeckt, ist das voll in Ordnung. Aber wenn man einen Cabernet aus Italien gar nicht mehr von einem Cabernet aus Chile, Südafrika oder Frankreich unterscheiden kann, wird das alles doch ziemlich langweilig. Sie verstehen, worauf ich hinauswill. Winzer und Kellermeister sollten alles dafür tun, ihre regionalen Rebsorten zu pflegen und gute Weine daraus zu machen. Das ist die wahre globale Herausforderung.

Runter vom Sofa und hinaus in die Welt! Sie mögen Cabernet Sauvignon aus Australien? Probieren Sie die fantastischen Cabernets aus Chile oder Südafrika! Natürlich schmecken sie alle ein bisschen anders, aber das ist doch der Witz an der Sache! Die Welt des Weins liegt vor Ihrer Haustür, also machen Sie sie auf ...

Italien

Exzellenter Espresso, prima Pizza, klasse Klamotten, fantastischer Fußball und abgefahrene Autos – wenn jemand das Leben bis zum Exzess genießen kann, dann sind das die Italiener. Und obwohl Masse und Klasse sich meistens ausschließen, hat das Land, mengenmäßig immerhin der weltgrößte Weinproduzent, in der letzten Zeit einen atemberaubenden Qualitätssprung gemacht. Aus ist es mit dem Image, Lieferant von billigem, schlechtem Lambrusco zu sein – ein neues Italien ist da, das mit regional geprägten Weinen auf hohem Niveau Erfolg hat.

Klimatisch ist Italien ein Land der Extreme. Je nachdem, von welchem Ende des Stiefels sie stammen, sind die Weine völlig verschieden im Charakter. Im Norden ist es kühler; entsprechend leichter, feiner und eleganter fallen die Weine aus. Von hier stammen die besten italienischen Weißen. Nach Süden hin, Richtung Sizilien, verändert sich die Sache dramatisch – als ob plötzlich der Turbolader zugeschaltet wird: Tiefe Farbe, üppige Aromen und monstermäßige Geschmacksfülle sind die Regel.
Meine Lieblingsregionen sind folgende:

17:00 | Matt, Chris und Bob, die Weinfamilie

Die regionale
Identität ihrer Weine

zu bewahren – das ist gleichermaßen Leidenschaft und
Verpflichtung für die ortsansässigen Weinerzeuger.

Piemont. Dass ich ein Fan dieser Region ganz im Nordwesten Italiens bin, ist eine gewaltige Untertreibung. Für mich ist das Piemont der Himmel auf Erden – seine Ess- und Weinkultur ist mit keiner anderen auf dieser Welt vergleichbar. Von diesem Landstrich kann ich nie genug bekommen. Es liegt aber nicht nur am Essen (weiße Trüffeln, hmmm ...) und am Wein, es sind auch die Leute, die ich so wunderbar finde. Wenn die Toskana für Größe, Mächtigkeit, Konzentration und Aristokratie steht, dann verkörpert das Piemont Eleganz, Reinheit, Raffinesse und Lebensart.

Typische Rotweinsorten hier sind Barbera und Dolcetto, der Oberboss ist aber mit Sicherheit Nebbiolo. Aus dieser Traube werden die faszinierendsten, verführerischsten, umwerfendsten Weine bereitet, die auf dieser Erde zu finden sind. Unter den weißen Sorten stechen Cortese (Gavi di Gavi) und Arneis hervor, außerdem Moscato, der einen der weltweit am gewaltigsten unterschätzten Süßweine der Welt ergibt.

Trentino-Südtirol. Gut, Italien ist für seine Rotweine bekannter als für seine Weißen. Aber hier im kühlen Norden, am Fuß der Alpen, macht man aus den aromatischen Sorten Pinot grigio und Gewürztraminer richtig klasse Weißweine – mit die besten des ganzen Landes –, und Pinot noir (Pinot nero) wird zu großartigem Schaumwein verarbeitet. Ein bisschen weiter nach Südosten hin liegt die kleinere Region Friaul–Julisch Venetien, aus der ebenfalls ganz außergewöhnliche Weiße kommen – hier aus Sorten wie Pinot bianco, Chardonnay, Sauvignon blanc und Tocai friulano.

Toskana. Alte Herrenhäuser, ausgedehnte Weinberge, köstliches Essen und noch besserer Wein, und nicht zuletzt die malerischste Landschaft der Welt – die Toskana ist ein Touristenziel ersten Ranges, das Land der Träume für alle auf der Suche nach kulinarischen Genüssen. Dass sie daneben auch die mit Abstand wichtigste Weinregion Mittelitaliens ist, versteht sich dann fast schon von selbst.

Der Herrscher unter den roten Sorten hier ist Sangiovese, der in Weinen wie Chianti Classico, Chianti Rufina, Chianti Colli Senesi und Brunello di Montalcino den Ton angibt. Seine besten Lagen sind mitten im Herzen des Chianti-Classico-Gebiets um das Städtchen Castellina in Chianti.

Süditalien. Was derzeit südlich von Rom geschieht, sorgt für ziemlichen Wirbel in der Weinwelt. Am meisten produziert wird in der Region Apulien sowie auf den Inseln Sizilien und Sardinien. Die meisten der süditalienischen Weine werden zwar von den Italienern selbst getrunken, aber ein paar Erzeuger haben mit alten einheimischen Sorten wie Negroamaro, Nero d'Avola und Primitivo auch international schon ziemlichen Erfolg gehabt.

Süditalienische Weine – die meisten sind rot – fallen normalerweise im Stil dunkler aus als die aus dem Norden, manche sind geradezu tintenschwarz. Typisch sind ihre vollen Aromen von sonnengetrockneten Früchten und süßen mediterranen Gewürzen.

Frankreich

Nach wie vor ist Frankreich das vielfältigste und wichtigste Weinland der Welt – der Gralshüter des Weins, Bacchus' Wahlheimat auf Erden. Jeder, der auf diesem Globus Wein macht, ist von den großen französischen Gewächsen auf irgendeine Art beeinflusst worden, ob er es zugeben will oder nicht. Selbst die einzelnen Weinregionen – jede für sich – sind weltberühmt.

Bordeaux stellt mit ungefähr 10 000 ha und 13 000 Weingütern das größte Weinbaugebiet Frankreichs dar. Berühmt ist es für astronomisch teure Verschnittweine auf Cabernet-Sauvignon-Basis, die nach einem komplizierten System aus dem Jahr 1855 klassifiziert sind. Die Region ist in insgesamt 37 Unterzonen und Gemeinden eingeteilt, deren Grenzen sich meist nach dem Lauf des Flusses Gironde richten.

Cabernet Sauvignon gilt als die Bordeaux-Sorte schlechthin, zusammen mit Merlot, dessen Anteil in den Weinbergen sogar noch größer ist. Weitere Rotweintrauben sind Cabernet franc, Malbec und Petit Verdot, während Sémillon und Sauvignon blanc die typischen weißen Sorten sind. Aus ihnen macht man zwar vor allem trockene Weißweine, ihren wichtigsten Auftritt haben sie aber in den berühmten Süßweinen aus Sauternes und Barsac.

Der Gralshüter des Weins, Bacchus' Wahlheimat auf Erden

Burgund. Von Bordeaux aus quer rüber auf die andere Seite Frankreichs, und wir sind in Burgund – das Mekka der Wein-Verrückten aus aller Welt. Die besten Burgunder gehören zu den schönsten und interessantesten Weinen dieses Planeten. Hier ist die Urheimat von Pinot noir und Chardonnay. Südöstlich von Paris gelegen, reicht die Region von Chablis im Norden bis ins Beaujolais im Süden.

Für Normalsterbliche ist Burgund allerdings eine eher undurchsichtige, vertrackte Weingegend. Es gibt wie in Bordeaux ein Klassifizierungssystem für die Lagen und ihre Weine: Grand cru, Premier cru, Village, und schließlich der einfache Bourgogne (den man sich sogar leisten kann). Die Besonderheit in Burgund ist aber, dass fast alle Weinberge in teilweise winzige Parzellen mit lau-ter verschiedenen Eigentümern aufgeteilt sind. Diese Zersplitterung führt zu viel Verwirrung, denn egal, wie gut eine Lage ist – was der einzelne Winzer daraus macht, steht auf einem anderen Blatt. Weine aus demselben Weinberg, aber von verschiedenen Erzeugern, können aus diesem Grund ganz unterschiedlich (und das heißt auch: unterschiedlich gut) ausfallen.

Gute und schlechte Erzeuger auseinander halten zu können – oder zumindest jemanden zu kennen, der das kann – ist sowieso immer wichtig, ganz besonders in diesem Teil der Welt. Ein simples Motto, nach dem ich jedenfalls vorgehe, lautet: Der gute Ruf der Erzeugers ist das A und O beim Weinkauf – und am allermeisten gilt das für Burgund!

Das Rhônetal, das praktisch direkt an das Südende Burgunds anschließt, zerfällt in zwei getrennte Anbaugebiete: die nördliche und die südliche Rhône. Insgesamt ist das Klima an der Rhône viel wärmer als in Burgund, was auch heißt, dass andere Trauben angebaut werden.

Der Popstar der nördlichen Rhône ist die Rotweinsorte Syrah (anderswo auch Shiraz genannt, siehe S. 79). Namen wie Hermitage, Crozes-Hermitage und Cornas sollten Sie sich merken – das sind die Aushängeschilder. An der berühmten Côte Rôtie kommt zur Syrah oft noch eine kleine Menge der einheimischen weißen Sorte Viognier, was einen so unglaublich aromatischen Rotwein hervorbringt, wie man ihn sonst nirgends findet – prallste dunkle Beerenfrucht im Verein mit Aprikosen und schwarzem Pfeffer. Einfach Wahnsinn!

Mit rund 13 verschiedenen roten Sorten plus den weißen Trauben Marsanne und Roussanne geht es an der südlichen Rhône nicht ganz so übersichtlich zu. Immerhin haben Grenache, Syrah und Mourvèdre, die viele der roten Verschnittweine der Region dominieren, ein deutliches Übergewicht. Die wichtigsten Unterzonen sind St-Joseph, Côtes du Rhône, Gigondas und das berühmte Châteauneuf-du-Pape.

Burgund –
das Mekka der
Wein-Verrückten

18:00 | British Airways, das Verkosterteam

In großer Höhe schmeckt Wein

anders, aber Peter Nixson und sein »Dream Team« tun alles, um passende Tropfen auszuwählen.

Elsass. Die Elsässer lassen sich nicht so schnell die Butter vom Brot nehmen. Nachdem Deutschland und Frankreich so lange an ihnen herumgezerrt haben, haben sie ein ganz besonderes Bewusstsein für Unabhängigkeit entwickelt. Das spiegelt sich auch in den großartigen, unglaublich langlebigen Rieslingen, Gewürztraminern und Pinot-gris-Weinen wider, für die das Elsass berühmt ist. Im Stil sind sie reichhaltiger, aber auch trockener als ihre deutschen Kollegen, da sie mehr oder weniger vollständig vergoren werden – also keine »Restsüße« haben.

Champagne. Der Champagner ist ein erstklassiges Beispiel für die erfolgreiche Vermarktung von Luxusgütern. Mal ehrlich, im Prinzip sind das doch nur mittelmäßige Tafelweine – noch dazu aus unreifen Trauben –, aber sie blubbern halt und sind wahnsinnig teuer ... Ich weiß nicht, das ist doch irgendwie Schaumschlägerei! Allerdings muss ich zugeben, dass die Herstellung von Champagner eine über Hunderte von Jahren perfektionierte Kunst ist. Die Region Champagne liegt nordöstlich von Paris um die Städte Reims und Epernay. Angebaut werden Chardonnay, Pinot noir und Pinot Meunier.

Deutschland

Deutschen Wein verstehen zu wollen, ist für mich wie Algebra lernen: Es gibt einfach jede Menge Unbekannte. Ihn zu trinken und zu genießen – und es sind einige der großartigsten Weißweine der Welt darunter –, erfordert glücklicherweise keine derartige geistige Anstrengung.

Ja, Deutschland hat Rieslinge von einer solchen Reinheit zu bieten, dass es schwer fallen dürfte, in dieser oder einer anderen Galaxis Vergleichbares zu finden: Weine mit der Präzision und dem Feintuning eines Mercedes, mit einer längeren Lebenserwartung als wahrscheinlich Sie und ich. Und dann soll mir mal einer ein Essen nennen, zu dem sie nicht passen würden. Das alles zu einem Preis, der fast unanständig günstig ist. Aber warum ist es nur so schwer, sie zu verstehen?

Das Hauptproblem seit langem sind die komplizierten Bestimmungen für die Etikettierung. Man muss nicht nur wissen, wer ein guter Winzer ist, sondern auch Lagennamen und alle möglichen Qualitätsbezeichnungen kennen (die vor allem etwas über den Süßegrad aussagen). Mir wird ganz schlecht, wenn ich nur daran denke! Auf der nächsten Seite gebe ich Ihnen zumindest eine Kurzübersicht über die wichtigsten Qualitätsstufen des deutschen Weingesetzes. Vielleicht bringt es Ihnen ja was!

Einige der großartigsten Weißweine der Welt
zu trinken, erfordert keine besondere geistige Anstrengung

• QbA (Qualitätswein bestimmter Anbaugebiete): Wie der Name schon sagt, guter Wein aus einer Qualitäts-Weinregion.

• QmP (Qualitätswein mit Prädikat): Eine Stufe höher als QbA, und jeweils mit einem der folgenden Prädikate versehen:

Kabinett Keine Ministerrunde, sondern ein schön trockener, leichter, delikater Wein.

Spätlese Da die Trauben hierfür spät geerntet werden, haben die Weine mehr Fülle als Kabinett und kommen auch ein paar Monate später auf den Markt.

Auslese Jetzt wird's richtig süß! Nur ausgesuchte, noch später gelesene Trauben werden verwendet, die vor Aroma (und Zucker) nur so strotzen und sogar einen Anflug von Edelfäule haben können.

Beerenauslese Bei so viel Zucker bekomme ich langsam Zuckungen im linken Bein. Der Name spricht für sich: Nur einzeln verlesene Beeren mit ganz besonders hohem Zuckergehalt werden verarbeitet.

Trockenbeerenauslese Wirklich hammermäßig süß, aber genial! Trockenbeerenauslesen werden nur in besonders guten Jahren aus zum Teil schon verschrumpelten Trauben gemacht. Der irrsinnig hohe Zuckergehalt wird mit fast genauso viel Säure ausgeglichen. Selten und teuer.

Eiswein Ähnlich wie Trockenbeerenauslese, nur dass hier am Weinstock gefrorene Trauben geerntet und sofort gepresst werden. Das Wasser bleibt als Eis zurück, und nur hypersüßer Saft wird vergoren.

Und jetzt noch schnell ein Streifzug durch die wichtigsten Regionen:

Die Mosel muss man gesehen haben, sonst glaubt man's nicht. Der Fluss hat sich auf seinem Weg von Trier nach Koblenz so tief eingegraben, dass die Hänge an seinen Ufern fast senkrecht aufsteigen. Die Weinberge sind unglaublich steil; man fragt sich, wie die Winzer sie überhaupt bewirtschaften können. Einige der Lagen gehören zur absoluten Spitze in ganz Deutschland. Es wird hauptsächlich Riesling angebaut, der hier enorm intensive und würzige, aber gleichzeitig delikate und blumige Weine liefert.

Der Rheingau östlich der Moselregion ist ebenfalls für seinen Riesling berühmt. Der Großteil der Weinberge liegt auf Südhängen entlang des Rheins und bekommt deswegen eine für deutsche Verhältnisse ungewöhnlich hohe Dosis Sonnenschein ab. Die Weine sind meist tiefgründiger und fülliger als die an der Mosel, haben aber trotzdem nicht weniger Finesse und Grazie.

Die Pfalz, ebenfalls am Rhein, aber weiter südlich gelegen, hat leider ihren Ruf als Erzeuger von Müller-Thurgau weg. Aus dieser Traube wird Liebfrauenmilch hergestellt – früher mal ein Exportschlager, aber für mich der Grund, jetzt schnell weiterzugehen!

Spanien

Spanien ist geil! An Spanien liebe ich einfach alles – die Kunst, die Architektur, das Essen und die Leute. Dazu noch die Surf-Paradiese, ein bisschen Flamenco (wenn man ihn mag) und vor allem ein mordsmäßiger Wein – das Traumland für mich! Als Weinland ist Spanien endlich wieder auf dem Weg nach oben – in den Weinbergen und Kellereien hat eine echte Revolution stattgefunden. Ich verwette mein letztes Hemd, dass in den nächsten Jahrzehnten die neuen Superstars der Weinwelt aus Spanien kommen werden.

Rioja. Die Revolution in der spanischen Weinwirtschaft hat in Rioja ganz besonders eingeschlagen. Lange Jahre sind hier massenhaft äußerst durchschnittliche Weine bereitet worden, die schon alt und müde wirkten, als sie überhaupt erst auf den Markt kamen. Aber auf einmal war der ganze alte Schrott verschwunden, und jetzt glänzt alles wie neu! Junge Kellermeister interessieren sich für alte Weinstöcke, alte Rebsorten und bessere Klone der roten Tempranillo-Traube. Sie wenden moderne Produktionstechniken an und haben kapiert, dass mangelnde Sauberkeit im Keller eine Todsünde ist. Unter den fast 15 Millionen Kisten Wein, die jährlich in Rioja produziert werden, sind einige der feinsten Tropfen Spaniens. Sieben Rebsorten sind in der Region zugelassen, aber Tempranillo ist eindeutig der Chef.

Ribera del Duero, eine der hipsten Weinregionen im heutigen Spanien, liegt südwestlich von Rioja am Fluss Duero – jenseits

19:00 | Ramone, der Schaumweinspezialist

Ein Könner braucht eine sichere Hand,

wenn er jeden Tag 50 000 Flaschen dreht – wie Ramone in der Schramsberg Winery im kalifornischen Napa Valley.

20:00 | Liquid Ideas, das PR-Team

Sie lieben ihren Job – wen wundert's?

Das Team betreut einige der größten Namen im Weingeschäft – ein toller Job, aber auch knallhart.

der Grenze, in Portugal, heißt er Douro. In Ribera tummeln sich einige der heißesten Jungstars der spanischen Weinszene. Vor 30 Jahren noch verschlafenes Hinterland, ist es nun die am schnellsten wachsende Anbauzone Spaniens, mit ebenso schnell steigenden Bodenpreisen. In den Weinbergen wächst hauptsächlich Tinto fino (eine Tempranillo-Variante), außerdem Cabernet Sauvignon und Merlot. Bei der Weinbereitung wird ein moderner Stil gepflegt, das heißt, die meisten Weine gären in neuen oder fast neuen »Barriques« (kleine Eichenfässer mit 225 Liter Fassungsvermögen). Heraus kommen tiefdunkle, kraftvolle Weine, die das Zeug zu echten Rennern haben.

Sherry. Der Name ist ursprünglich die englische Verballhornung von »Jerez« – und Jerez de la Frontera ist die größte der drei Städte, die die Sherry-Region in Spaniens Süden bilden. Von diesem einzigartigen Wein gibt es viele Stile; wir beschränken uns hier auf die vier bedeutendsten und ihre beiden Hauptsorten.

Palomino ist die wichtigste Traube bei drei Stilen: Fino, Amontillado und Oloroso. Von ihnen ist Fino der beliebteste. Ich halte ihn für einen der besten Weine, die man zum Essen trinken kann – und zwar weltweit. Er ist im Idealfall knochentrocken, nussig, mit mineralischer Konsistenz und leicht salziger Note. Die zweite Traubensorte ist Pedro Ximénez (PX), aus der der vierte Stil gemacht wird. Die Weine heißen wie die Traube, landläufig sagt man auch »schwarzer Sherry«. Sie sind tiefdunkel, fast sirupartig und supersüß, mit intensiven Aromen von Rosinen und Gewürzen.

Portugal

Beim Stichwort Portugal ist den meisten Leuten lange Zeit nur Mateus Rosé eingefallen. Zum Glück tut sich aber auch hier einiges. Portugiesische Weine sind (wie übrigens auch Rosé) auf dem Weg zurück in die Herzen und Gläser der modernen Weintrinker. Ich sage »zurück«, denn vor etwa 30 Jahren waren Portwein und Madeira schon einmal echte Verkaufsschlager. Aber das ist lange her, und gespritete (also mit Alkohol verstärkte) Weine gelten nach wie vor als eher uncool.

Douro. Ende der Siebzigerjahre standen die steilen Weinberge im felsigen, trockenen Douro-Tal schon einmal kurz vor der Vernichtung – schuld war die Reblaus. Heute wachsen hier vor allem die Sorten Tinta Roriz (die portugiesische Version des spanischen Tempranillo), Touriga nacional und Tinta nacional. Die bergige Landschaft macht Weinbau zu einer Herausforderung. Die besten Weine stammen aus höheren Lagen, wo das kühlere Klima frische Säure und gute Fruchtigkeit begünstigt – eine Wohltat im Vergleich zu den seeeehr trockenen Burschen aus anderen Teilen des Landes.

Sowohl im Weinberg als auch im Keller hat es am Douro große Verbesserungen gegeben. Die Weine sind jetzt viel frischer und, ganz wichtig, zugänglicher; man tut sich leichter mit ihnen. Bei der Welle der Neuerungen, die im Moment durch das ganze Land schwappt, spielt der Douro eine Vorreiterrolle. Die Ambitionen sind riesig … wir werden sehen.

Nordamerika

Die USA, das älteste und wichtigste Weinland außerhalb Europas, ist heute der viertgrößte Weinproduzent der Welt. Aber bis dahin war ein Stück Arbeit zu leisten. Die ersten Winzer in Nordamerika brauchten Jahre, bis sie erkannten, warum ihre Reben so trostlos dahinsiechten: Sie hatten nicht einfach nur Pech (oder waren zu doof), sondern der Boden wimmelte nur so vor Rebläusen. Und als dieses Problem endlich gelöst war, hatte die US-Regierung die großartige Idee, Alkohol komplett zu verbieten. Typisch ...

Die Prohibition dauerte von 1913 bis 1933. Die meisten Dinge haben sich zwar jetzt, über 70 Jahre später, wieder normalisiert, in einigen Bereichen wirkt die Zwangsabstinenz aber immer noch nach. Man schätzt, dass rund ein Drittel der Amerikaner nur Bier und harte Sachen trinkt, ein Drittel Wein mag und das letzte Drittel gar nicht trinkt – keinen Tropfen.

Kalifornien ist das Herzstück der amerikanischen Weinwirtschaft. Es reicht vom schicken Napa Valley nördlich von San Francisco bis nach Santa Barbara und Santa Cruz im Süden. Die Welt verdankt Kalifornien viel, von Disney bis zum Skateboard (Dogtown!) – nur die Abteilung Wein hat meiner Meinung nach bisher nicht befriedigend gearbeitet. Die wirklich guten Erzeuger haben ihre Weine lange Zeit entweder in so winzigen Mengen hergestellt, dass man sie nie zu sehen bekam, oder sie waren für Otto Normalweintrinker wie Sie und mich schlicht zu teuer.

Auf der anderen Seite stehen die Kolosse, die mir fast noch mehr Kopfzerbrechen machen. Eine Hand voll kalifornischer Giganto-Erzeuger pumpt jedes Jahr mehr Wein in die Welt als ganz Australien zusammen! Natürlich gibt es Ausnahmen, und gar nicht mal so wenige: gute Winzer mit herrlichen Weinen zu vernünftigen Preisen – aber finden Sie die mal! Bei einem Besuch in Napa kürzlich habe ich Köstlichkeiten probiert: Syrah und Grenache, ein paar Weltklasse-Chardonnays, Zinfandel und in Sonoma (westlich von Napa) sogar ein paar ungewöhnliche italienische Sorten ... wahre Schätze, wirklich, aber sehr, sehr gut versteckt!

Der Rest. Im kühlen Klima der Westküstenstaaten nördlich von Kalifornien (Washington, Oregon, Idaho und British Columbia) gedeihen ein paar Weißweine, wenige Rote und einige sehr seltene Süßweine – aber wieder nur in geringen Mengen. Hätten Sie aber gewusst, dass auch der Staat New York (jetzt sind wir auf der anderen Seite des Kontinents) regelmäßig gute Weine produziert, vor allem von aromatischen Sorten?

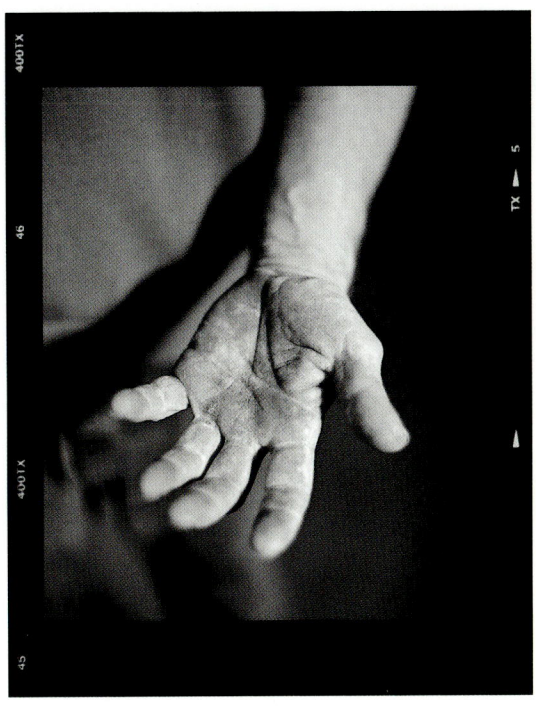

21:00 | Andy, der Küfer

Fässer kann man nur in Handarbeit bauen.

Seit 20 Jahren macht Andy Byers Fässer – die letzten zwölf Jahre für Seguin Moreau in Kalifornien.

22:00 | Jane, die Weindozentin

Weinwissen zu vermitteln ist ein Traumjob.

Bei Jane Ferrari erfahren die Besucher der australischen Kellerei Yalumba einfach alles.

Süden

Jung, fesselnd, dynamisch – oder was Ihnen noch dazu einfällt –, das ist die »Neue Welt« des Weins, und sie liegt südlich des Äquators: Südamerika, Südafrika, Neuseeland und Australien. In diesen Ländern kann man derzeit die größten Entdeckungen machen; hier werden gerade die Superstars von morgen geboren. Eine neugierige, unvoreingenommene Einstellung der Weinmacher und ein umfassendes Wissen über alles, was im Rest der Welt so vor sich geht, haben die Voraussetzungen dafür geschaffen, dass die sonnenverwöhnten Weine der südlichen Hemisphäre die Herzen der Verbraucher rund um den Globus im Sturm erobert haben

Südamerika

Wichtige Erzeugerländer hier sind vor allem Chile und Argentinien – sicherlich zwei, mit denen man in Zukunft rechnen muss.

Chile ist steil auf dem Weg nach oben! Lang und schmal zieht sich das Land auf 5000 Kilometer von Norden nach Süden hin, eingeklemmt zwischen den Anden im Osten und dem Pazifischen Ozean im Westen. Die chilenische Weintradition ist weitaus älter als die der USA oder Australiens und sogar etwas älter als in Südafrika.

Den großen Sprung nach vorne konnte die chilenische Weinwirtschaft aber erst in den letzten 20 Jahren machen – seit der Wiedererrichtung der Demokratie und dem Ende der Handelsbeschränkungen. Die Erzeuger in Chile erkannten schnell, dass sie im internationalen Vergleich bislang nur zweitklassig waren und sich ändern mussten, wenn sie konkurrenzfähig werden wollten. Modernste Technik wurde angeschafft, Kellermeister aus aller Welt eingeflogen. Man versuchte zu verstehen, was in Ländern wie Australien oder den USA vor sich ging, und sich das Beste davon anzueignen.

Dieses neue Chile erwarb sich rasch einen Ruf als verlässlicher Erzeuger preisgünstiger Weine, roter wie weißer. Da das Klima sich nicht sehr von dem in Australien unterscheidet, fühlten sich Sorten wie Cabernet Sauvignon, Merlot und Chardonnay schnell wohl, genauso wie Sauvignon blanc, Carmenère und Cabernet franc.

Derzeit steht Chile auf der Startrampe, bereit, auf den Knopf zu drücken. Während zunehmend Investitionen aus Frankreich und den USA ins Land fließen, übernehmen parallel dazu mehr und mehr im Ausland geschulte chilenische Kellermeister die Spitzenweingüter des Landes. Gleichzeitig findet eine Reihe von besser angepassten Rebsorten – oder die richtigen Klone dieser Sorten – den Weg in die Weinberge. Ja, Chile steht im Moment wirklich sehr gut da!

Derzeit steht Chile auf der Startrampe, bereit, auf den Knopf zu drücken

Die chilenischen Weinbauregionen verteilen sich auf ein Labyrinth von Tälern zwischen dem Pazifik und den Anden.

Nördlich der Hauptstadt Santiago liegt das Aconcagua-Tal, in dem vor allem Cabernet Sauvignon wächst, neben Sorten wie Carmenère, Syrah und neuerdings auch Viognier.

Die Region Casablanca westlich von Santiago ist durch ihre Nähe zum Meer Chiles kühlstes Anbaugebiet. Hier fühlen sich Trauben wie Pinot noir, Syrah und Sauvignon blanc wohl, allerdings bereiten Frühjahrsfröste manchmal Probleme.

Das berühmte Maipo-Tal liegt südlich der Hauptstadt. Viele der bedeutenden Firmen, die im großen Stil aus einer Reihe von internationalen Sorten Wein produzieren, sind hier ansässig.

Die südlichste der nennenswerten Regionen schließlich ist Colchagua. Hier stellt eine Hand voll chilenischer Avantgarde-Winzer ganz erstaunliche Sachen mit Cabernet Sauvignon, Carmenère, Merlot und Syrah an.

Argentinien, auf der anderen Seite der Anden gelegen, hat mit seinem Nachbarn Chile vieles gemeinsam – super Schnee, super Wein und super Fußballer. In gewisser Hinsicht ist Argentinien eine riesige Wüste, in der es aber Wasser ohne Ende gibt – dank des nie versiegenden Zuflusses aus den Anden. Für den Anbau von Trauben perfekt. Trotzdem hat momentan Chile – bei ähnlichen Grundvoraussetzungen im Weinbau – gegenüber Argentinien die Nase vorn.

Das steigende Interesse des Weltmarkts hat der südamerikanischen Weinwirtschaft insgesamt einen kräftigen Schub gegeben. Der Input von moderner Technik und ausländischen Kellermeistern (und natürlich ein paar Dollars) hat jetzt schon Ergebnisse gebracht, die für die Zukunft einiges verspre-

chen. Ein paar richtig gute Jahrgänge und ein bisschen ältere Reben, und wir werden Weltklasseweine aus Südamerika bekommen.

Argentiniens wichtigste Weinberge liegen in den Regionen Mendoza und San Juan. Rote Trauben herrschen vor, angeführt von Malbec, einer Aussiedlerin aus Bordeaux. In Argentinien finden sich auch die höchstgelegenen Rebflächen der Erde. Dass hier oben Trauben gedeihen können – vor allem ein Mix aus Malbec und Cabernet Sauvignon –, liegt am besonderen Mikroklima: Die Weinberge sind perfekt zur Sonne ausgerichtet und speichern die Wärme. Die Höhenlage gibt den Weinen auch eine Megaportion Antioxidantien mit, die schädliche freie Radikale im Körper neutralisieren. Diese Weine schmecken nicht nur gut, sondern sind auch gesund!

Australien

James Busby gilt als der Vater des australischen Weinbaus. Von seinen ersten Pflanzungen Anfang des 19. Jahrhunderts bis zu dem Starkult, der heute um die Weinindustrie des fünften Kontinents gemacht wird, ist es ein weiter Weg gewesen. Und es geht immer weiter. Australien hat mit seinen sehr (manchmal schon klinisch) sauberen, fruchtigen Weinen die Welt im Sturm erobert. Es ist eine internationale Macht geworden, die die großen europäischen Erzeugerländer nicht mehr übergehen können. Aber zur Selbstzufriedenheit besteht kein Grund, es gibt noch viel zu tun ... Die wichtigsten Regionen:

South Australia ist das Zentrum und die Seele der australischen Weinindustrie. Hier, im Westen des Bundesstaats um die Stadt Adelaide, haben nicht nur viele der großen Firmen ihren Sitz, auch einige der wichtigsten Anbaugebiete des Landes liegen in South Australia.

Im Barossa Valley wachsen heute mit die ältesten Shiraz-Reben ganz Australiens. Früher, als schlecht gemachter Sherry noch beliebter war als großartiger Shiraz von alten Reben, hatte die Regierung von South Australia eine echte Schnapsidee: Sie ermunterte Weinbauern, unpopuläre Weinstöcke zugunsten anderer Sorten zu roden – und auf dieser Liste stand auch Shiraz! Können Sie sich das vorstellen? Auf den Weingütern, auf denen man der Versuchung damals widerstanden hat, hält man sich immer noch den Bauch vor Lachen, schließlich ist man im Besitz einer Goldgrube: der ältesten Shiraz-Reben des Landes, vielleicht der Welt! Für Shiraz ist Barossa der siebte Himmel, die besten Weine sind tintenschwarz und Muster an Konzentration, Kraft und Langlebigkeit.

Victoria. Obwohl sie eine Vielzahl ganz unterschiedlicher Anbaugebiete umfasst, ist diese Region wohl am besten für ihre Weine aus kühleren Klimazonen bekannt. Das Yarra Valley, wo 1892 der erste Weinberg Victorias angelegt wurde, erreicht man von Melbourne nach nur 40 Minuten Fahrt in östlicher Richtung. Trauben wie Pinot noir, Chardonnay und Shiraz geraten hier regelmäßig sehr gut.

Tasmanien. Die südlichste Weinbauzone Australiens hat in den letzten fünf Jahren rasante Fortschritte gemacht und ist inzwischen Tagesgespräch. Durch eine sorgfältige Auswahl der Lagen und die Verwendung spezieller Klone – vor allem bei Pinot noir – hat sich die Insel zu einer ernst zu nehmen-

den Weinregion gemausert – vielleicht sogar zu einer künftigen Pinot-Macht in der Neuen Welt. Mit seiner kalten Südlage bietet Tasmanien ein hervorragendes Terroir für Schaumwein. Viele Sektproduzenten vom Festland kaufen hier Trauben ein, um ihren Spitzenprodukten Rückgrat zu verleihen. Es ist kein Champagner, aber das Zeug ist trotzdem sehr gut!

Western Australia. Neben Traumstränden für Surfer hat der Westen neuerdings auch der Weinszene was zu bieten. Vor allem das Gebiet am Margaret River ist in den letzten knapp 20 Jahren über sich hinausgewachsen. Hier produziert jetzt eine Hand voll wegweisender Cabernet-Erzeuger Weine voll Eleganz, Finesse, Power und Langlebigkeit.

New South Wales ist die alte Heimat der australischen Weinwirtschaft, und immer noch steht das Hunter Valley an der Spitze. Unübertroffen hier ist der Semillon. Ich erinnere mich gut an einen Kunden, der immer ganz versessen darauf war, möglichst betagte – und damit meine ich über 30 Jahre alte – Exemplare von Hunter River Chablis zu bekommen (nix Burgund – »Chablis« war damals der australische Name für Semillon). Ich trieb hin und wieder ein paar Flaschen für ihn auf, fragte mich aber dauernd, was er mit dem alten Kram überhaupt wollte. Die Flaschen sahen schäbig aus, ein Teil des Weins war schon verdunstet und der Rest goldgelb geworden. Unglaublich teuer waren sie außerdem. Aber der Typ kam wie ein Junkie immer wieder und wollte neuen Stoff!

Irgendwann hab ich dann diesen Wein auch mal probiert – und mir war alles klar. Eine Sensation! Der Wein hatte schon eine dunkle Farbe angenommen, aber im Glas schwamm die pure Magie. Die vollen Aromen von Zitrusmarmelade, Toast und Gewürzen warfen mich völlig um. Gegen so eine Sucht ist wirklich nichts zu sagen!

Dass Australien derzeit zu Recht im Rampenlicht der Welt steht und sich als viertgrößter Weinexporteur bewundern lassen kann (jährlich werden über 100 Millionen Tonnen Trauben verarbeitet), ist vor allem den beständigen Bemühungen einer Gruppe von hart arbeitenden Leuten zu verdanken. Kurz gesagt, der australischen Weinindustrie ging es noch nie so gut wie heute.

Neuseeland

Aus europäischer Sicht liegen Australien und Neuseeland gleich nebeneinander, aber die Unterschiede zwischen den beiden könnten nicht größer sein. Australien hat über weite Strecken wüstenähnliche Züge, während Neuseeland grün und saftig ist, wie es sich für eine Inselgruppe mitten im Ozean gehört. Hier wird ein trockener, herber Sauvignon blanc gemacht, der auf der ganzen Welt glühende Anhänger gefunden hat. Neuseeland ist außerdem ein Vorreiter bei der Verwendung von Schraubverschlüssen ... Sie erinnern sich?

Ihre wirklichen Stärken spielt die Doppelinsel aber bei Pinot noir, Syrah und Riesling aus. Hier kann Neuseeland locker mit der internationalen Konkurrenz mithalten. Die Spitzen-Pinots (wirklich ganz erstaunliches Zeug) gelten mit als die besten außerhalb Burgunds, und gute Syrah- und Riesling-Weine können sich ohne weiteres mit ihren Vorbildern in Frankreich bzw. Deutschland messen.

Südinsel. Wie gut der Sauvignon blanc aus Marlborough ist (von der Nordspitze der Südinsel), haben vielleicht schon ein paar am eigenen Gaumen gespürt. Aber Neuseeland beansprucht auch für sich, die am weitesten südlich gelegenen Rebflächen der Welt zu besitzen – nämlich Central Otago, von wo sehr schöne Weine aus Pinot noir und Riesling kommen.

Nordinsel. Am Südende der Nordinsel, in Martinborough, findet man unglaubliche Pinot-noir-Weine, absolute Meisterleistungen! Hier erstrecken sich auch die ältesten Pinot-Pflanzungen Neuseelands. Weiter im Norden, auf halbem Weg Richtung Auckland, liegt die etwas wärmere Hawke's Bay, in der man eine Reihe von feinen Tröpfchen aus Chardonnay, Syrah und Cabernet macht.

Die Pinot-noir-Weine sind absolute Meisterleistungen

23:00 | Philglass and Swiggot, der Weinladen

Während überall Läden dichtmachen,

**haben Karen und Mike Rogers ihren Traum verwirklicht –
sie führen Londons bestes unabhängiges Weingeschäft.**

Südafrika

Was sich in den letzten gut zehn Jahren in Südafrika ereignet hat, ist kaum zu glauben. Mit dem Ende der Apartheid 1994 ging die Aufhebung der internationalen Wirtschaftssanktionen einher. Doch die Rückkehr in die Welt des freien Handels bedeutete für Südafrikas Weinwirtschaft ein unsanftes Erwachen. Zu einem Mangel an eigenen Ressourcen kam die Unfähigkeit zu begreifen, dass man eben nicht »den großartigsten Wein der Welt« produzierte, wie man geglaubt hatte. Es gab wahnsinnig viel zu tun, und das in Windeseile. Jetzt, zehn Jahre später, steht die südafrikanische Weinindustrie viel besser da. In Großbritannien liegen Weine aus Südafrika umsatzmäßig an vierter Stelle – mit dem Land am Kap ist wieder zu rechnen.

Trauben und Entschlossenheit. Was in Südafrika nun eigentlich besser geworden ist, lässt sich gar nicht so leicht sagen. Natürlich hat es damit zu tun, dass bessere Lagen für Trauben gefunden und die richtigen Sorten angebaut wurden. Auch die Entschlossenheit, nicht mehr nur vollfruchtige Weine zu erzeugen, sondern mehr Wert auf Struktur und Finesse zu legen, spielt eine Rolle.

Aber da gibt es noch etwas! Die aufregendste Entwicklung in der südafrikanischen Weinszene sind derzeit die überall entstehenden Empowerment-Projekte, die die wirtschaftliche Entwicklung der schwarzen Bevölkerung fördern sollen.

Die neue Generation der südafrikanischen Kellermeister kann es kaum erwarten, endlich große Weine zu machen. Sie haben studiert – zum Teil in Empowerment-Projekten –, sind weit gereist und wissen, dass sie die Weintradition am Kap fortführen müssen. Aber ihr Blick ist nach vorn gerichtet.

Nie zuvor hat es eine solche Vielfalt an Stilen auf so hohem Niveau gegeben. Aber es bleibt noch viel zu tun, und niemand weiß das besser als Südafrikas Weinerzeuger selbst – junge wie alte.

Stellenbosch und Paarl. Das Zentrum der südafrikanischen Weinindustrie ist die Gegend um die Stadt Stellenbosch. Ausgezeichnete Weine aus Cabernet Sauvignon, Cabernet franc, Chardonnay und Sauvignon blanc werden auch in den benachbarten Gebieten Elsenburg, Paarl, Helderberg und Elgin Valley hergestellt. Ein ganz besonderes

Schmuckstück ist die östlich von Stellenbosch gelegene Region um Franschhoek.

Franschhoek kann man vielleicht die kulinarische Hauptstadt Südafrikas nennen. Hier gibt es schicke Restaurants, Küchenchefs von Weltruf und köstliche lokale Spezialitäten. Ähnlich erlesen ist die Weinszene: eine Hand voll kleiner bis mittlerer Betriebe, die unglaubliche Weine aus Syrah, Sémillon und Cabernet Sauvignon herstellt. Ich bin überzeugt, dass diese Gegend in den nächsten Jahren noch für einige Überraschungen gut sein wird.

Der Rest vom Fest

Was ich an meinem Job besonders mag: Ich werde immer wieder draufgestoßen, dass man auch in den entlegensten Ecken der Welt guten Wein produziert.

Indien. Den Tag, an dem ich zum ersten Mal indischen Wein probiert habe, werde ich nie vergessen – zuerst dachte ich, da will mich einer auf den Arm nehmen. Aber das Beste war: Er war richtig gut! Ich hätte ihn ohne weiteres für einen Südfranzosen halten können! Aber bevor ich Ihnen jetzt die Hucke voll quatsche, nur so viel: Indien hat das Zeug dazu, in naher Zukunft sehr gute Weine zu produzieren.

China. Doch, doch, das meine ich ernst. Auch beim Wein ist China eine künftige Supermacht. Schon seit einigen Jahren werden in der Gegend um Beijing (Peking) Reben angebaut. Vor allem Riesling und Chardonnay machen sich ganz ausgezeichnet. Es gibt natürlich auch andere Sorten, darunter ein paar rote wie Cabernet und Merlot, aber alles in allem kommen Weißweintrauben offensichtlich besser mit dem verrückten chinesischen Seeklima zurecht. Im Moment sind die Preise vieler Weine, na, sagen wir mal, diskussionswürdig, aber das regelt sich garantiert mit der Zeit von selbst.

Griechenland. Zurück in heimischere Gefilde! Auch die griechische Weinwirtschaft hat mit einer großen Kraftanstrengung endlich Anschluss an die moderne Zeit gefunden: Schraubverschlüsse, schicke neue Kellereien und sogar der erste griechische »Master of Wine« sind sichere Anzeichen dafür. Die Griechen haben ja nicht nur die Olympiade erfunden, sondern möglicherweise

vor 6000 Jahren auch den Wein! Angebaut werden die üblichen Verdächtigen: Cabernet, Syrah, Chardonnay und Viognier, daneben auch alte einheimische Trauben wie Assyrtiko, Malagousia und Agiorgitiko. Ganz Griechenland ist ein Flickenteppich von guten Weinlagen; das beste Angebot – vor allem sommerfrische Weiße – gibt es meiner Meinung nach aber auf der Bilderbuchinsel Santorini. Wenig Regen, ein bisschen Bewässerung und jede Menge vulkanische Asche sorgen dafür. Cheers!

Und dann ist da noch Good Old England ...

England. Hier sollte nun wirklich kein Wein entstehen. Es ist ja nicht nur so, dass die Trauben zu sauer sind (sprach der Fuchs ...) –, es passt einfach gar nichts! Schon die geographische Lage ist eine Ka-

tastrophe – an der nördlichsten Grenze, an der Trauben überhaupt noch wachsen können. Dazu kommen Dauerregen, kaum Hanglagen, wenig Sonne, ein viel zu fruchtbarer Boden und ungeeignete Traubensorten. Das Vereinigte Königreich sollte die Finger vom Weinbau lassen. So. Und jetzt können Sie sich vielleicht meine Überraschung vorstellen, als man mir allen Ernstes englischen Schaumwein empfahl!

Warum einige Erzeuger es tatsächlich schaffen, kann ich schwer sagen, aber mit Sicherheit haben die 15 Millionen Jahre alten Kalkadern, die die Champagne mit West Sussex verbinden, ein paar US-Dollar und eine Portion Sachkenntnis französischer Kellermeister ihre Finger mit im Spiel. Heraus kommen einige verblüffend gute Weine, die stolz auf Verkostungen präsentiert werden.

Glossar

Wein wird oft für eine komplizierte Sache gehalten, weil über ihn in einer Weise gesprochen wird, die viele nicht verstehen. Und die meisten haben auch keine Lust (geschweige denn Zeit), erst einen Haufen neuer Wörter zu lernen, bevor sie sich damit beschäftigen. Schade, wirklich. So schwierig ist das nämlich gar nicht, und darum habe ich hier in alphabetischer Reihenfolge 21 Begriffe erklärt, die in der Welt des Weins am häufigsten verwendet (und missbraucht) werden.

1. Ausbau. Wenn Sie Ihren Dachboden ausbauen, soll er schöner werden oder überhaupt erst bewohnbar, richtig? So was Ähnliches macht der Kellermeister auch mit Wein. Er kann ihn klären, die **malolaktische Gärung** durchführen, ihn auf dem **Hefesatz** liegen lassen oder ihn im Eichenfass lagern, um ihm eine **Holznote** zu geben: Alles, was mit einem jungen Wein nach der Gärung geschieht, nennt man Ausbau.

2. Ausgewogenheit. Der Geschmack eines Weins setzt sich aus vielen Einzelteilen zusammen – vor allem aus Frucht, Säure, Süße, Alkohol, **Tannin** und vielleicht auch der **Holznote**. Sie alle müssen in einem ausgewogenen Verhältnis zueinander stehen, um einen harmonischen Eindruck zu ergeben. Wenn einer sich zu sehr in den Vordergrund drängt, schmeckt der Wein nicht – oder, na ja, eben unausgewogen.

3. Brettanomyces. Was für ein herrlich kompliziertes Wort – und deswegen oft »Brett« abgekürzt. Gemeint ist eine unerwünschte Hefeart, die sich in alten Fässern ansiedeln kann und den Wein mit einem Beigeschmack verdirbt, den man als »Mäuseln« bezeichnet. Wenn Ihr Wein also nach Mäusen oder altem Heftpflaster riecht oder schmeckt, wissen Sie, warum.

4. Bukett. Okay, ein Blumenstrauß in jedem Glas Wein wäre eine nette Idee. Für uns ist »Bukett« aber einfach das Wort für die Summe aller Geruchseindrücke, die wir in einem Wein ausmachen können – vor allem Frucht- und Eichenholzaromen. Könnte man dann nicht einfach »Geruch« sagen? Doch, natürlich! Aber erstens wirkt beim Wein eben ein ganzer Strauß von Gerüchen zu einem Gesamteindruck zusammen, und zweitens ist bei guten Weinen der Geruch so überwältigend schön, dass man einfach ein abgehobeneres Wort dafür finden musste. Vielfach hört man auch »Nase«. Ist genau dasselbe.

5. Edelfäule. Wenn reife Trauben von dem Schimmelpilz *Botrytis cinerea* befallen werden, der ihnen das Wasser entzieht und damit den Zuckergehalt konzentriert, spricht man von Edelfäule. Die Trauben sehen dann nicht mehr schön aus, sind aber keineswegs verdorben. Im Gegenteil: Bestimmte weiße Sorten (wie Sémillon) sind für die Edelfäule geradezu prädestiniert – und ergeben grandiose Süßweine.

6. Fassgärung. Um zu Wein zu werden, muss der Traubensaft (Most) erst gären. Das kann bei Weißwein im Edelstahltank geschehen, aber auch in kleinen Holzfässern –

je nachdem, ob eine **Holznote** erwünscht ist, oder nicht. Fassgärung wird nur bei gewichtigeren Sorten wie z. B. Chardonnay angewendet, die anderen würden von der Holznote »erschlagen«. (Rotweine gären normalerweise weder im Tank noch im Fass, sondern in offenen Behältern.)

7. Gespritet. Mit Weingeist (Alkohol) auf 16–18 Prozent angereicherte Weine nennt man »gespritet« oder »verstärkt«. Dazu gehören z. B. Sherry, Portwein und bestimmte Muscat-Weine aus Australien.

8. Hefesatz. Erinnern Sie sich noch, wie die Gärung abläuft? Die Hefe, die nichts anderes kennt, als nur den Zucker im Traubensaft zu »fressen« und Alkohol auszuscheiden? Wenn die Hefe damit fertig ist, stirbt sie – entweder weil der ganze Zucker aufgebraucht ist und sie nichts mehr zu fressen hat, oder weil sie sich mit ihrem eigenen Ausscheidungsprodukt (dem Alkohol) selbst vergiftet hat. Die toten Hefezellen sinken nach unten und bilden einen Bodensatz. Manche Kellermeister trennen jetzt den Wein nicht gleich von diesem Hefesatz, sondern lassen ihn noch eine Zeit lang darauf liegen oder rühren sogar kräftig um (besonders bei Chardonnay). Der Wein nimmt dann nussige, sahnige Geschmacksnoten an.

9. Holznote. Der Geruchs- und Geschmacksanteil, der nicht aus den Trauben stammt, sondern aus dem Holz des Fasses, in dem ein Wein vergoren wird bzw. in dem der **Ausbau** stattfindet. Da Fässer in der Regel aus Eichenholz sind, ist auch von der »Eichennote« die Rede; ein Wein kann z. B. als »eichenholzwürzig« bezeichnet werden. Beim Fassbau werden die Dauben erhitzt, um sie biegen zu können, und durch mehr oder weniger starkes »Anrösten« über offenem Feuer kann man dabei beeinflussen, wie stark die Holznote später im Wein zum Vorschein kommt. Da Fässer aber teuer sind, geben manche Kellermeister einfach nur Eichenspäne in den Tank.

10. Klone. Bleiben Sie ruhig, der Angriff der Klonkrieger wird bestimmt nicht aus dem Weinglas kommen! Im Weinbau sind Klone nichts anderes als durch Mutation oder Züchtung leicht veränderte Varianten von Rebsorten, die durch vegetative Vermehrung (also durch Stecklinge bzw. Edelreiser) entstehen. Verschiedene Klone ein und derselben Rebsorte können durchaus unterschiedliche Eigenschaften aufweisen (vor allem bei der Widerstandsfähigkeit gegen Krankheiten).

11. Korkeln. Ein Weinfehler, verursacht durch eine Substanz namens TCA (Trichloranisol), die sich bei Schimmelpilzbefall am Flaschenkorken bilden kann. Ob ein Wein »kork(el)t«, kann man ihm nicht ansehen – es hängt kein Schimmel am Korken, und es hat auch nichts damit zu tun, dass Korkkrümel im Wein schwimmen. Aber wenn Ihr Wein einen Geruch oder Geschmack nach nasser Pappe hat, der all die schönen Fruchtnoten überdeckt, dann geben Sie die Flasche zurück und verlangen Sie eine neue.

Glossar Fortsetzung

Ein seriöser Händler wird da keine Probleme machen. Man schätzt, dass fünf bis sieben Prozent aller Flaschenkorken durch TCA verdorben sind.

12. Magnum. Ich meine hier nicht Dirty Harrys Knarre und auch kein großes Eis am Stiel. Für uns Weintrinker ist eine Magnum eine große Flasche mit 1,5 Liter Fassungsvermögen – das Doppelte einer normalen Weinflasche. Magnums sind Sammlerobjekte, da der Wein in ihnen langsamer altert als in der Standardflasche.

13. Malolaktische Gärung. Der Prozess, in dem die scharfe Apfelsäure in die mildere Milchsäure umgewandelt wird. Da er durch Bakterien hervorgerufen wird, nennt man ihn auch (und eigentlich richtiger) »biologische Säureumwandlung« (BSA). Die malolaktische Gärung läuft bei der Rotweinbereitung immer ab, muss bei Weißwein dagegen in Gang gebracht werden – wenn man sie denn haben will. Vor allem bei Sorten wie Chardonnay und Sémillon mildert man mit ihr die überaus scharfe Säure und erhält dafür Aromen von Karamell und Sahne.

14. Mineralisch. Ja, ich weiß, ich benutze dieses Wort ziemlich oft. Für mich hat »mineralisch« je nach Zusammenhang eine ganze Reihe von Bedeutungen. Im Aroma kann Wein eine mineralische Note haben wie z.B. Wasser, das viel Magnesium oder Kalium enthält (lesen Sie mal auf dem Etikett einer Mineralwasserflasche bei den Inhaltsstoffen nach). Im Zusammenhang mit der Konsistenz (also beim Mundgefühl) hat »mineralisch« die Bedeutung von »frisch, leicht und delikat« – wie frisches Wasser aus einem Gebirgsbach. Riesling kann beispielsweise mineralisch sein, Pinot grigio auch, aber nie (oder nur höchst selten) Viognier.

15. Reblaus. Dieses winzige Insekt versetzte Europas Winzer ab der Mitte des 19. Jahrhunderts in Angst und Schrecken. Es kann im Handumdrehen ganze Weinberge vernichten, indem es so lange an den Wurzeln der Weinstöcke saugt, bis sie absterben. Nur amerikanische Reben halten ihr stand – und so hat man die Laus ausgetrickst, indem man Edelreben (für Qualitätstrauben) auf amerikanische »Unterlagsreben« (reblausresistent) aufpfropfte. Es mussten dann zwar fast alle Weinberge der Welt neu bepflanzt werden, aber es hat ja auch nur knapp 100 Jahre gedauert …

16. Säure. Keine Sorge, wir steigen jetzt nicht tief in die Chemie ein. Aber Säuren (und zwar eine ganze Menge verschiedener) sind nicht nur in jedem Wein enthalten und wirken da als natürliche Konservierungsstoffe, sie sind auch superwichtig für seinen Geschmack. Säure im richtigen Maß macht einen Wein frisch und lebendig. Am wichtigsten für uns sind die Weinsäure und die Apfelsäure, die man in Weiß- und Schaumweinen eher herausschmeckt als in Roten.

17. Sortenrein. Wenn ein Wein nur aus einer einzigen Traubensorte gemacht ist, nennt man ihn »sortenrein«. Das gibt es auch in Europa schon lange. Aber Weine allein nach ihrer Rebsorte zu benennen (»Chardonnay«, »Cabernet Sauvignon«, »Shiraz«) ist eine Erfindung der Neuen Welt. Ein Wein, der aus mehreren Sorten gekeltert wird, ist ein **Verschnitt.**

18. Stumm. Schon mal gehört? Ein unheimlich schlau aussehender Typ verkündet beim Verkosten, der Wein sei »noch recht stumm«. Cool bleiben. Damit ist gemeint, dass der Wein im Moment sehr zurückhaltend in Geruch und Geschmack ist. Er »sagt einem nicht viel«. Einige Weine, z.B. Riesling, aber auch viele Rote, machen typischerweise kurz nach der Abfüllung in die Flasche eine »stumme« Phase durch. Aber mit ein wenig mehr Reife entfalten sie sich wieder.

19. Tannin. Der Hauptunterschied zwischen Rot- und Weißwein ist – abgesehen vom Offensichtlichsten, der Farbe –, dass Rotwein Tannine (Gerbstoffe) enthält. Das ist eine Gruppe von Substanzen, die in den Schalen, Kernen und Stielen von Weintrauben vorkommen, aber auch in Holz und in Tee. Man kann Tannin nicht riechen, aber es verursacht ein – auch »adstringierend« genanntes – typisches Gefühl, als ob es einem den Mund zusammenzieht. Tannin ist ein wichtiger Strukturgeber für Rotweine.

20. Terroir. Ein echt französischer Begriff – einfach unübersetzbar. Er meint alles, was mit der »regionalen Identität« eines Weins zusammenhängt. Zunächst hat das natürlich mit dem Weinberg zu tun: Boden, Lage, Sonne, Wasser, Wind, Unkraut, Tiere ... Im weiteren Sinn wird »Terroir« aber auch für die Kultur der Gegend verwendet, für die Anbaumethoden des Winzers, seine Lieblings-Fußballmannschaft (na gut, die Fußballmannschaft vielleicht nicht), das Leben, das Universum und den ganzen Rest. Alles, aber auch alles wirkt sich darauf aus, wie ein Wein von einem bestimmten Ort schmeckt. Für die überzeugten Anhänger ist »Terroir« weniger ein Begriff als eine Weltanschauung.

21. Verschnitt. Viele Weine sind nicht nur aus einer Traubensorte gemacht, sondern eine Mischung (= ein Verschnitt) aus zwei oder mehreren. Man kann auch Weine aus verschiedenen Jahrgängen, verschiedenen Regionen und sogar verschiedenen Ländern miteinander verschneiden. Früher hat man das oft mit »Weinpanscherei« in Verbindung gebracht, aber das ist nicht mehr so. Bei der Bereitung von Qualitätswein dient das Verschneiden dazu, die Stärken verschiedener Sorten hervorzuheben und dadurch einen besseren Wein zu gewinnen. Roter Bordeaux z.B. wird in der Regel aus Cabernet Sauvignon und Merlot verschnitten; beim Champagner sind es sehr viele Grundweine, auch aus verschiedenen Jahrgängen, aus denen der Kellermeister seine »Cuvée« (nur ein anderes Wort dafür) zusammenstellt.

Register

24:00 **Dank(e)**

Die Erste, mit der ich auf dieses Buch anstoße, ist Carls – meine Frau und beste Freundin. Ohne ihre Liebe, Ermutigung und Unterstützung hätte ich es nicht geschafft. Danke Carls, für alles.

Mum – die auf so vieles verzichtet hat und immer für mich da war.

Drew, Caroline und Anne – was wäre unsere Familie ohne euch (und ohne Eric, den Hund)?

Philip Rich – mein Freund und Mentor, der mich vor langer Zeit unter seine Fittiche genommen hat.

CT – du bist der beste Fotograf der Welt und ein grandioser Freund. Ich trinke auf unser Übergepäck, das wir ständig mit uns rumgeschleppt haben, auf all die verdammt schlechten Plätze in den Flugzeugen und das Lachen, das uns trotzdem nonstop begleitet hat. Auf ein Neues in diesem Leben!

Jay – der mir so viele Türen geöffnet hat. Danke für deinen Rat, deine Freundschaft, dein Loyalität und Hilfe.

David Gleave und Stuart Gregor – für ihre Großzügigkeit und all die Möglichkeiten, die sie für mich aufgetan haben.

Paul Green und Josh Clark – meine »rechten Hände«, ohne die ich verloren gewesen wäre.

Hils, Yash, Jane und alle anderen bei Mitchell Beazley – mit euch ein Buch zu machen, ist einfach klasse!

Sophie Waggett und Dalene Steyn von Wines of South Africa, Michael Cox und Pilar Valverde von Wines of Chile, Andrew Tierney von Wirra Wirra sowie Matt Thompson und Joe Cafaro – sie alle haben meine Weinreisen zu unvergesslichen Erlebnissen gemacht.

Und dann sind da noch (in beliebiger Reihenfolge) Jimmy und Caela, Simon und Hayley, Lisa Sullivan und Fresh Partners, Sweet as Candy, Matt Utber und Imperfectionist, Lindsey Evans, Randy, Tobes und Gyros, Thommo, Gin und Camilla, CC und BP, die Familien Jones und Duncan, Liquid Ideas, John und Frank van Haandel, Paula Dupuy und die Leute vom Fifteen – danke für eure Liebe, Unterstützung und Inspiration und für die Superzeit mit euch – und das gilt auch für das Whitehorse Inn, den verstorbenen Mark Shield, für The Juice, VB, The Hawks und die Crew zu Hause in Melbourne ...

Dank euch allen, Matt